W0094430

Weiterführend empfehlen wir:

**Beschäftigungsorientiert beraten
und vermitteln**
ISBN 978-3-8029-7521-9

Antragstellung und Widerspruch
ISBN 978-3-8029-7522-6

**Eilrechtsschutz und Klageverfahren
in der sozialen Arbeit**
ISBN 978-3-8029-7511-0

**SOLEX - Die Datenbank zum
Sozialleistungsrecht**
ISBN 978-3-8029-9701-3

Weitere Titel unter: www.WALHALLA.de

Wir freuen uns über Ihr Interesse an diesem Buch. Gerne stellen wir Ihnen zusätzliche Informationen zu diesem Programmsegment zur Verfügung.
Bitte sprechen Sie uns an:
E-Mail: WALHALLA@WALHALLA.de
http://www.WALHALLA.de
WALHALLA Fachverlag · Haus an der Eisernen Brücke · 93042 Regensburg
Telefon 0941 5684-0 · Telefax 0941 5684-1 11

Kaspers · Knoche

WoGG

Das neue

Wohngeldrecht

Leitfaden für Beratung, Betreuung und
Fallbearbeitung in der sozialen Praxis
Mit WoGG und WoGV

2., neu bearbeitete Auflage

WALHALLA

Bibliografische Information der Deutschen Nationalbibliothek
Die Deutsche Nationalbibliothek verzeichnet diese Publikation in der Deutschen Nationalbibliografie; detaillierte bibliografische Daten sind im Internet über http://dnb.dnb.de abrufbar.

Zitiervorschlag:
Uwe Kaspers, Thomas Knoche WoGG – Das neue Wohngeldrecht
Walhalla Fachverlag, Regensburg 2016

Hinweis: Unsere Werke sind stets bemüht, Sie nach bestem Wissen zu informieren. Alle Angaben in diesem Buch sind sorgfältig zusammengetragen und geprüft. Durch Neuerungen in der Gesetzgebung, Rechtsprechung sowie durch den Zeitablauf ergeben sich zwangsläufig Änderungen. Bitte haben Sie deshalb Verständnis dafür, dass wir für die Vollständigkeit und Richtigkeit des Inhalts keine Haftung übernehmen. Bearbeitungsstand: Dezember 2015

2., neu bearbeitete Auflage

© Walhalla u. Praetoria Verlag GmbH & Co. KG, Regensburg
Alle Rechte, insbesondere das Recht der Vervielfältigung und Verbreitung sowie der Übersetzung, vorbehalten. Kein Teil des Werkes darf in irgendeiner Form (durch Fotokopie, Datenübertragung oder ein anderes Verfahren) ohne schriftliche Genehmigung des Verlages reproduziert oder unter Verwendung elektronischer Systeme gespeichert, verarbeitet, vervielfältigt oder verbreitet werden.
Produktion: Walhalla Fachverlag, 93042 Regensburg
Umschlaggestaltung: grubergrafik, Augsburg
Druck und Bindung: Westermann Druck Zwickau GmbH
Printed in Germany
ISBN 978-3-8029-7533-2

Schnellübersicht

Vorwort

Unter den Bedingungen rasant steigender Mieten, zunehmenden Engpässen auf dem Wohnungsmarkt und dem gleichzeitigen Anstieg schlecht bezahlter oder befristeter Arbeitsverhältnisse ist das Wohngeld als wesentlicher Bestandteil des sozialen Sicherungssystems nicht wegzudenken.

Seit der letzten Reform im Jahr 2009 ist das Wohngeldniveau unverändert. Wegen fehlender Dynamisierung erfolgte keine Anpassung an die Miet- und Einkommensentwicklung. Infolgedessen wurden immer mehr einkommensschwache Haushalte in das Grundsicherungssystem gedrängt.

Um dem gegenzusteuern, hat der Gesetzgeber nun eine neue Wohngeldreform vorgelegt, die ab 1. Januar 2016 gilt. Schwerpunkt der Reform ist die Anhebung des Leistungsniveaus des Wohngeldes. Zudem ist mit den Änderungen im Wohngeldgesetz eine Vereinfachung bzw. Entbürokratisierung angestrebt. Viele vom Arbeitskreis Wohngeld der Länder vorgeschlagenen Änderungen flossen in die vorliegende Novelle.

Der Wechsel von einkommensschwachen Haushalten aus der Grundsicherung in das Wohngeld wird ab dem Jahreswechsel in den Jobcentern, den Wohngeldstellen sowie in den Sozialberatungsstellen viel Arbeit bereiten. Wir zitieren dazu die Gesetzesbegründung (Drs. 18/4897):

„2016 [entsteht] ein einmaliger Umstellungsaufwand, weil in allen Jobcentern eine Fallprüfung erfolgen muss. Im Rahmen der Prüfung wird festgestellt, ob ein Anspruch auf Wohngeld besteht. Es ist davon auszugehen, dass bei rund 70.000 SGB II-Bedarfsgemeinschaften eine Fallprüfung erfolgen muss, um alle Wechslerhaushalte zu identifizieren."

Auf Grund der Vielzahl von Lebensformen und persönlichen Situationen ist es in der Praxis oft schwer zu erkennen, wann die Beantragung von Wohngeld sinnvoll und erfolgreich ist. Insbesondere die Frage, wie die Abgrenzung zu den Leistungen nach dem SGB II, SGB XII oder sonstiger Transferleistungen gestaltet ist, bereitet oft Probleme und führt zu fehlerhaften Bescheiden.

Dieses Kompendium soll in der Beratung und Fallbearbeitung helfen. Dargestellt sind die Kernprobleme bei der Anspruchsprüfung, insbesondere

- Wohngeldberechtigung
- Begriff des zu berücksichtigenden Haushaltsmitgliedes
- Einkommensermittlung
- Höhe der zu berücksichtigenden Miete bzw. Belastung

Eingegangen wird dabei auch auf besondere Personengruppen wie Auszubildende, Freiwillig Wehrdienstleistende, Ausländer, Asylbewerber, Geduldete, Heimbewohner, schwerbehinderte Menschen, Alleinerziehende sowie Kinder von getrennt lebenden Eltern, die zur Betreuung das paritätische Wechselmodell gewählt haben.

Gleichzeitig haben wir versucht, eine nützliches und praxisgerechtes Arbeitsmittel zum schnellen Verstehen der wichtigsten Neuerungen zu machen. Die Änderungen im Wohngeldgesetz und in der Wohngeldverordnung sind daher mit Unterstreichungen versehen. Im Erläuterungsteil wird gesondert auf wichtige Änderungen durch die Reform hingewiesen.

Soweit in den Ausführungen ganz überwiegend die männliche Form verwandt wird, geschieht dies allein aus Gründen der sprachlichen Vereinfachung.

Für Hinweise und Anregungen zur Verbesserung dieser Arbeitshilfe sind wir jederzeit dankbar.

Uwe Kaspers, Thomas Knoche

Abkürzungen

Abs.	Absatz
a. F.	alte Fassung
AFBG	Aufstiegsfortbildungsförderungsgesetz
Art.	Artikel
AsylbLG	Asylbewerberleistungsgesetz
AufenthG	Aufenthaltsgesetz
Az.	Aktenzeichen
BA	Bundesagentur für Arbeit
BAB	Berufsausbildungsbeihilfe
BAföG	Bundesausbildungsförderungsgesetz
BG	Bedarfsgemeinschaft
BGB	Bürgerliches Gesetzbuch
BKGG	Bundeskindergeldgesetz
BSG	Bundessozialgericht
BVerfG	Bundesverfassungsgericht
BVerwG	Bundesverwaltungsgericht
bzw.	beziehungsweise
d. h.	das heißt
Drs.	Drucksache
EStG	Einkommensteuergesetz
EU	Europäische Union
ff.	fortfolgend(e)
GdB	Grad der Behinderung
GG	Grundgesetz
ggfs.	gegebenenfalls
GKV	Gesetzliche Krankenversicherung
GruSi	Grundsicherung im Alter und bei dauerhafter Erwerbsminderung
HLU	Hilfe zum Lebensunterhalt
i. V. m.	in Verbindung mit
JC	Jobcenter
KdU	Kosten der Unterkunft
Rspr.	Rechtsprechung
SGB I	Sozialgesetzbuch – Erstes Buch (Allgemeiner Teil)
SGB II	Sozialgesetzbuch – Zweites Buch (Grundsicherung für Arbeitsuchende)
SGB V	Sozialgesetzbuch – Fünftes Buch (Gesetzliche Krankenversicherung)

SGB IX	Sozialgesetzbuch – Neuntes Buch (Rehabilitation und Teilhabe behinderter Menschen)
SGB X	Sozialgesetzbuch – Zehntes Buch (Sozialverwaltungsverfahren und Sozialdatenschutz)
SGB XI	Sozialgesetzbuch – Elftes Buch (Soziale Pflegeversicherung)
SGB XII	Sozialgesetzbuch – Zwölftes Buch (Sozialhilfe)
USG	Unterhaltssicherungsgesetz
u. a.	unter anderem
usw.	und so weiter
VG	Verwaltungsgericht
vgl.	vergleiche
WoGG	Wohngeldgesetz
WoGRefG	Gesetz zur Reform des Wohngeldrechts und zur Änderung des Wohnraumförderungsgesetzes
WoGV	Wohngeldverordnung
WoGVwV	Wohngeld-Verwaltungsvorschrift
z. B.	zum Beispiel

1 Gesetzeszweck, Übersicht Wohngeldreform

1

1

Stellung des Wohngeldes als Sozialleistung

Wohngeld ist eine finanzielle Zuschuss-Leistung des Staates für einkommensschwache Bürger. Mit Hilfe des Wohngeldes soll sichergestellt werden, dass Personen mit geringem Einkommen ihre Wohnkosten decken können. Es wird als Zuschuss zur Miete (Mietzuschuss) oder als Zuschuss zur Belastung für selbst genutztes Wohneigentum geleistet (Lastenzuschuss). Erfüllt jemand die Voraussetzungen für den Erhalt von Wohngeld, hat er darauf einen Rechtsanspruch.

Die gesetzlichen Regelungen über die Gewährung von Wohngeld, das Wohngeldgesetz (WoGG) mit seiner Durchführungsverordnung (WoGV) gelten als besondere Teile des Sozialgesetzbuches (§ 68 Nr. 10 SGB I).

Gleichwohl ist Wohngeld keine Leistung des Staates, die den Lebensunterhalt sichern soll.

Vielmehr dient das Wohngeld der wirtschaftlichen Sicherung angemessenen und familiengerechten Wohnens (§ 1 Abs. 1 WoGG). Die klassische Fürsorgekomponente zur Existenzsicherung fehlt in dieser Definition.

Wichtig: Diese Abgrenzung sollte man sich stets vor Augen halten, wenn man im Bereich Wohngeld berät oder eine Fallbearbeitung vorzunehmen hat.

Aufgrund der Vielzahl von Sozialleistungen, die je nach Lebens-, Erwerbs- und/oder Familiensituation geleistet werden können, kommt es teilweise zu komplizierten Wechselwirkungen. Ausgeschlossen ist das Wohngeld, wenn bereits sogenannte Transferleistungen geleistet werden oder das Einkommen so niedrig ist, dass ein Anspruch auf diese Leistungen bestünde. Die meisten Konflikte treten auf, wenn existenzsichernde Leistungen in Anspruch genommen werden müssen – also Arbeitslosengeld II nach SGB II, Hilfe zum Lebensunterhalt oder Grundsicherung im Alter oder dauerhafter Erwerbsminderung nach SGB XII.

Somit kommt das Wohngeld nur für Menschen in Frage, die ihren Lebensunterhalt ohne Inanspruchnahme von Fürsorgeleistungen decken können.

Die Höhe des Wohngeldes ist gedeckelt, es gelten nach Mietenstufen und Haushaltsgröße festgelegte Höchstbeträge. Überschießende Kosten müssen vom Mieter bzw. Eigentümer selbst bestritten werden.

Bei der Prüfung, ob ein Wohngeldanspruch gegeben ist, ist die Beantwortung dieser drei Fragen entscheidend:

■ Wie viele Haushaltsmitglieder sind vorhanden bzw. berücksichtigungsfähig (sog. Wohngeldhaushalt)?

■ Wie hoch ist das anrechenbare Gesamteinkommen?

■ Welcher Betrag der Miete ist zuschussfähig?

In den Kapiteln 2 bis 4 werden die Lösungen zu diesen Fragen dargestellt.

Übersicht über die Wohngeldreform 2016

Mit der Hartz IV-Reform zum 1.1.2005 und dem zu diesem Zeitpunkt in Kraft getretenen SGB II und SGB XII wurde ein einheitliches steuerfinanziertes Fürsorgesystem geschaffen.

Die gleichzeitige Einführung eines Kinderzuschlags sollte verhindern, dass Eltern mit geringem Einkommen, die durch ihre Erwerbstätigkeit ihren eigenen Lebensbedarf erwirtschaften können, alleine wegen der Bedarfe ihrer Kinder SGB II-Leistungen in Anspruch nehmen müssen. Durch eigenes Erwerbseinkommen, Kindergeld, Kinderzuschlag und Wohngeld sollten Familien mit geringem Erwerbseinkommen unabhängig von den Grundsicherungsleistungen werden.

2008 wurde der Kinderzuschlag verbessert und der Berechtigtenkreis erweitert. 2009 wurde das Wohngeld erhöht. Eine automatische Anpassungskomponente an die Miet- und Einkommensentwicklung wurde bei dieser Wohngeldreform aber nicht eingeführt, so dass das Wohngeld seit 2009 unverändert hoch ist.

Gleichzeitig waren in den letzten Jahren zunehmende Engpässe auf dem Wohnungsmarkt, steigende Mieten und Heizkosten sowie der Anstieg prekärer Arbeitsverhältnisse zu verzeichnen.

Dies hatte zur Folge, dass immer mehr Einkommensschwache als sogenannte Aufstocker in das SGB II-System rutschten.

Um dem gegenzusteuern, hat der Gesetzgeber eine neue Wohngeldreform vorgelegt, die ab 1. Januar 2016 gilt. Laut Gesetzesbegründung (Drs. 18/4897) sollen von der Wohngeldreform insgesamt rund 866.000 Haushalte profitieren, darunter rund 324.000 Haushalte, die durch die Reform neu oder wieder einen Anspruch auf Wohngeld erhalten. Das sind insbesondere:

1

- Die bisherigen Wohngeldhaushalte, die im Jahr 2016 auch ohne Reform Wohngeld bezogen hätten (rund 541.000 Haushalte)

- So genannte Hereinwachserhaushalte, deren Einkommen bislang die Grenzen für einen Wohngeldanspruch überschritten haben und die 2016 erstmals oder wieder mit Wohngeld bei den Wohnkosten entlastet werden (rund 237.000 Haushalte)

- So genannte Wechslerhaushalte, die zuvor Leistungen der Grundsicherung für Arbeitsuchende nach dem SGB II (rund 42.000 Haushalte) oder Leistungen der Grundsicherung im Alter und bei Erwerbsminderung beziehungsweise der Hilfe zum Lebensunterhalt nach dem SGB XII bezogen haben (rund 35.000 Haushalte)

- So genannte Mischhaushalte, bei denen bisher alle Haushaltsmitglieder Leistungen der Grundsicherung (vor allem SGB II) bezogen haben (rund 9 000 Haushalte)

Schwerpunkt der Reform ist die Anhebung des Leistungsniveaus des Wohngeldes insbesondere durch Anpassung der Tabellenwerte an die Entwicklung der Wohnkosten und der Verbraucherpreise (Realwertsicherung) sowie eine regional gestaffelte Anhebung der Miethöchstbeträge zur Anpassung an die regional differenzierte Mietenentwicklung.

Zudem ist mit den Änderungen im Wohngeldgesetz eine Vereinfachung bzw. Entbürokratisierung angestrebt. Viele vom Arbeitskreis Wohngeld der Länder vorgeschlagenen Änderungen flossen in die vorliegende Novelle.

Leider ist auch mit dieser Wohngeldreform eine Dynamisierung wieder nicht erfolgt. Eine Anpassung an die Miet- und Einkommensentwicklung der nächsten Jahre kann damit ohne erneute Novellierung wieder nicht erfolgen.

Bleibt also abzuwarten, ob diese Wohngeldreform 2016 mittelfristig trägt oder ob nicht wieder in kurzer Zeit – sozusagen als Drehtüreffekt – viele, die nun in den Wohngeldbezug wechseln, wieder in das Grundsicherungssystem zurückwandern müssen.

Übergangsregelung zum Jahreswechsel 2015/2016

1

Damit ab Januar 2016 so schnell wie möglich einkommensschwache Haushalte das erhöhte Wohngeld erhalten können, macht die Übergangsvorschrift in § 42a WoGG entsprechende Vorgaben. Zudem soll sichergestellt werden, dass allein die Anwendung des neuen Rechts nicht zu einem geringeren Wohngeld führt.

Wegen der hohen Bedeutung dieser Übergangsregelungen auf die in den ersten Monaten nach Inkrafttreten der Reform anstehenden Sozialberatungen und Fallbearbeitungen, finden Sie im folgenden die Gesetzesbegründung zu § 42a WoGG abgedruckt (Drs. 18/4897). Sie erläutert den Gesetzestext und gibt Hinweise zur Anwendung.

Übergangsregelung für bereits bewilligtes Wohngeld

§ 42a Absatz 1 lautet:

(1) ₁Ist Wohngeld vor dem 1. Januar 2016 bewilligt worden und liegt mindestens ein Teil des Bewilligungszeitraums nach dem 31. Dezember 2015, so ist abweichend von § 41 Absatz 2 von Amts wegen über die Leistung des Wohngeldes für den Zeitraum vom 1. Januar 2016 bis zum Ende des bisherigen Bewilligungszeitraums neu zu entscheiden.

₂Bei der Entscheidung nach Satz 1 sind die §§ 12 und 16 Satz 1 bis 4 und § 19 dieses Gesetzes sowie die Anlage zu § 1 Absatz 3 der Wohngeldverordnung in der ab dem 1. Januar 2016 geltenden Fassung anzuwenden, alle anderen Vorschriften in der bis zum 31. Dezember 2015 geltenden Fassung.

₃Ergibt sich bei der Entscheidung nach Satz 1 kein höheres Wohngeld, verbleibt es bis zum Ende des bisherigen Bewilligungszeitraums bei dem bereits bewilligten Wohngeld.

₄Ist bei der Entscheidung nach Satz 1 nicht berücksichtigt worden, dass sich die Anzahl der zu berücksichtigenden Haushaltsmitglieder, die zu berücksichtigende Miete oder Belastung oder das Gesamteinkommen verändert hat oder das Wohngeld zweckwidrig verwendet wird, so ist abweichend von § 45 des Zehnten Buches Sozialgesetzbuch die Entscheidung nach Satz 1 nur rechtswidrig, wenn gleichzeitig die Voraussetzungen des § 27 oder § 28 Absatz 2 dieses Gesetzes vorliegen; im Übrigen bleibt § 45 des Zehnten Buches Sozialgesetzbuch unberührt.

1

₅Wird die Entscheidung nach Satz 1 unter den Voraussetzungen des § 45 des Zehnten Buches Sozialgesetzbuch zurückgenommen, wird der bisherige Bewilligungsbescheid wieder wirksam; die §§ 27 und 28 bleiben unberührt.

₆Ist Wohngeld vor dem 1. Januar 2016 bewilligt worden und liegt mindestens ein Teil des Bewilligungszeitraums nach dem 31. Dezember 2015 und ist über einen Antrag nach § 27 Absatz 1 oder in einem Verfahren nach § 27 Absatz 2 neu zu entscheiden, so ist für die Zeit bis zum 31. Dezember 2015 nach dem bis dahin geltenden Recht, ab dem 1. Januar 2016 bis zum Ende des bisherigen Bewilligungszeitraums nach neuem Recht nach Maßgabe des Satzes 2 und danach vollständig nach neuem Recht zu entscheiden.

₇Der Bewilligungsbescheid nach Satz 1 muss auf die besonderen Entscheidungsgrundlagen der Sätze 1 bis 5 hinweisen, insbesondere darauf, dass eine Entscheidung nach § 27 oder § 28 Absatz 2 dem Bewilligungsbescheid nach Satz 1 noch nachfolgen kann und bezogen auf den Zeitpunkt der Änderung, der auch vor dem 1. Januar 2016 liegen kann, das Wohngeld wegfallen oder sich verringern kann.

§ 42a Absatz 1 regelt die Voraussetzungen für den Erlass eines neuen Bescheides von Amts wegen, wenn vor dem Inkrafttreten ein Bewilligungsbescheid ergangen ist und mindestens ein Teil des Bewilligungszeitraumes nach Inkrafttreten andauert. Mit der Regelung in § 42a Absatz 1 soll erreicht werden, dass auch alle derzeitigen Wohngeldempfängerinnen und -empfänger mit Wirkung ab dem Inkrafttreten von Amts wegen, das heißt ohne Antrag, grundsätzlich ein höheres Wohngeld erhalten können.

Im Gegensatz zu der letzten Wohngelderhöhung zum 1. Januar 2009 im Zuge des Gesetzes zur Neuregelung des Wohngeldrechts und zur Änderung des Sozialgesetzbuches vom 24. September 2008 (BGBl. I S. 1856) soll ein vereinfachtes Verfahren gewählt und das Wohngeld automatisiert auf Basis der im Fachverfahren hinterlegten Daten berechnet werden.

Zudem werden nur die für die Leistungsverbesserung wesentlichen Paragraphen angewandt. Die Anwendung der übrigen geänderten Vorschriften würde dazu führen, dass der Sachverhalt im Einzelfall ohne Anlass neu ermittelt werden müsste, wodurch die verbesserten

Leistungen nicht zeitnah geleistet werden könnten. Das vereinfachte Verfahren soll somit einen geordneten Verwaltungsvollzug gewährleisten. Ein Antrags- beziehungsweise Bearbeitungsstau in den Wohngeldbehörden wird vermieden. Über die Anträge von sogenannten Wechslern, die aufgrund der Leistungsverbesserung nunmehr aus dem SGB II und SGB XII ins Wohngeld als vorrangige Leistung wechseln, und über Anträge von sogenannten Hereinwachsern, für die erstmalig ein Wohngeldanspruch in Betracht kommt, kann so zügig entschieden werden.

Satz 1: Nach Satz 1 soll die Wohngeldbehörde in den Fällen, in denen über einen Wohngeldantrag nach § 22 WoGG zum Zeitpunkt des Inkrafttretens mittels Bescheid schon entschieden worden ist und bei denen mindestens ein Teil des Bewilligungszeitraums ab Inkrafttreten liegt, von Amts wegen über die Leistung des Wohngeldes für den Zeitraum von dem Inkrafttreten bis zum Ende des bisherigen Bewilligungszeitraums neu entscheiden.

Ein Antrag der derzeitigen Wohngeldempfängerinnen und -empfänger ist nicht erforderlich.

Die Entscheidung nach Satz 1 soll in einem automatisierten Verfahren auf Basis der im Fachverfahren hinterlegten Daten erfolgen. Die für den bisherigen Bescheid maßgebenden Berechnungsgrößen nach § 4 WoGG, das heißt die zu berücksichtigende Miete oder Belastung, das zugrunde gelegte Gesamteinkommen (mit Ausnahme des pauschalen Abzugs von 6 Prozent nach § 16 Absatz 2 WoGG a. F.) sowie die Anzahl der zu berücksichtigenden Haushaltsmitglieder, werden der Entscheidung zugrunde gelegt. Dadurch wird gewährleistet, dass die betroffenen Wohngeldhaushalte ein höheres Wohngeld möglichst zeitnah und nicht erst nach Ablauf des bisherigen Bewilligungszeitraumes erhalten. Aus diesem Grund kann die Wohngeldbehörde auch im Interesse einer bürgernahen Verwaltung zunächst eine Entscheidung nach Satz 1 für alle in Betracht kommenden Fälle treffen. Diese Entscheidung wird die überwiegende Zahl der Fälle betreffen. Verfahren nach § 27 können danach durchgeführt werden. Wird zuerst ein Verfahren nach § 27 durchgeführt und führt dieses nicht zu einer Änderung des Wohngeldes (weil etwa keine erhebliche Änderung vorliegt), erfolgt immer eine automatisierte Entscheidung nach Satz 1. Satz 1 stellt eine abweichende Regelung zu § 41 Absatz 2 dar, wonach es für die Zeit nach dem Inkrafttreten bei dem bis zur Entscheidung geltenden, bisherigen Recht verbleiben würde. Danach

1

wäre erst bei einem Weiterleistungsantrag nach Ablauf des in der Regel zwölfmonatigen Bewilligungszeitraums eine Wohngelderhöhung für den nächsten Bewilligungszeitraum denkbar.

Satz 2: Bei der Entscheidung nach Satz 1 sollen mit den §§ 12 und 16 Satz 1 bis 4 und § 19 WoGG sowie der Anlage zu § 1 Absatz 3 WoGV nur die Vorschriften des neuen Rechts Anwendung finden, die für die Feststellung der maßgebenden Höhe des Wohngeldes unerlässlich sind.

Es ist keine Einzelfallprüfung durch die Wohngeldbehörde durchzuführen. Die automatisierte Neuberechnung des Wohngeldes umfasst die erhöhten Tabellenwerte und Miethöchstbeträge, die neu festgelegten Mietenstufen und die Streichung des pauschalen Abzugs von 6 Prozent. Die übrigen Rechtsänderungen, wie etwa die geänderte Zuordnung von Haushaltsmitgliedern (§ 5 Absatz 1 Satz 2 WoGG), die Änderungen bei der Ermittlung der Miete (§ 9 Absatz 2 WoGG, § 6 Absatz 2 Nummer 3 und 4 WoGV) und die geänderte Einkommensan- und -zurechnung (§§ 14 und 15 WoGG), können nicht oder zumindest nicht kurzfristig automatisiert berücksichtigt werden.

Die Übergangsregelung im Zuge der letzten Wohngelderhöhung durch das Gesetz zur Neuregelung des Wohngeldrechts und zur Änderung des Sozialgesetzbuches (vergleiche § 42 Absatz 2), nach der über das erhöhte Wohngeld erst nach Ablauf des bisherigen Bewilligungszeitraums rückwirkend und auf Grundlage der tatsächlichen Verhältnisse neu entschieden worden ist, hat sich in der Praxis als sehr verwaltungsaufwändig dargestellt. Die Auszahlung des erhöhten Wohngeldes erfolgte zudem nur mit erheblicher Verzögerung, vor allem weil erst die tatsächlichen Verhältnisse im neu zu entscheidenden Zeitraum ermittelt werden mussten. Dies führte bei den betroffenen Wohngeldempfängerinnen und -empfängern zu Unverständnis.

Deshalb soll aus Gründen der Verwaltungspraktikabilität und im Interesse einer zeitnahen Auszahlung des erhöhten Wohngeldes ohne weitere Sachverhaltsprüfung automatisiert über den neuen Wohngeldanspruch entschieden werden. Vor dem Hintergrund, dass – nach der Rechtsprechung des BVerfG – eine Übergangsvorschrift verfassungsgemäß ist, die bereits bewilligte Wohngeldbescheide bei einer Rechtsänderung unberücksichtigt lässt mit der Folge, dass in extremen Fällen Wohngeldberechtigte erst bis zu einem Jahr nach Inkrafttreten in den Genuss der verbesserten Wohngeldleistungen kommen (vergleiche BVerfG, Beschluss vom 19. April 1977, – 1 BvL 17/

75 -, juris), ist auch eine Regelung – wie in Absatz 1 – mit Artikel 3 des Grundgesetzes vereinbar, die die verbesserte Leistung zum Zwecke der Automatisierung zwar nicht vollumfänglich gewährt, aber dafür allen Wohngeldhaushalten unmittelbar nach Inkrafttreten zugutekommt.

1

Hierbei ist zudem zu berücksichtigen, dass es sich bei den noch nicht zur Anwendung kommenden einkommenserhöhenden beziehungsweise einkommensmindernden Vorschriften nicht um grundsätzliche Parameter der Leistungsverbesserung handelt (diese werden ja in jedem Fall angewandt), sondern um spezifische Regelungen, die jeweils nur auf einen Teil der Wohngeldempfängerinnen und -empfänger anzuwenden sind. Dies trifft etwa auf zu berücksichtigende Haushaltsmitglieder zu, die zum Beispiel Einmalzahlungen (§ 15 Absatz 2) erhalten haben, oder für die entsprechend des jeweiligen Anwendungsbereichs Freibeträge (§ 17) bei der Ermittlung des Einkommens zu berücksichtigen sind.

Satz 3: Satz 3 soll verhindern, dass die Wohngeldempfängerinnen und -empfänger allein wegen der Anwendung des neuen Rechts ein geringeres als das bereits nach bisherigem Recht – für den Zeitraum ab dem Inkrafttreten – bewilligte Wohngeld erhalten. Die Wohngeldbehörde soll für den jeweiligen Bewilligungszeitraum oder Teil-Bewilligungszeitraum ab dem Inkrafttreten das bereits nach bisherigem Recht bewilligte Wohngeld mit dem nach Satz 1 und 2 ermittelten Wohngeld vergleichen. Die Entscheidung nach Satz 1 erfordert in jedem Fall einen schriftlichen oder elektronischen Bescheid an die Wohngeldempfängerin oder den -empfänger. Mit diesem wird entweder ein höheres Wohngeld bewilligt oder die ursprüngliche Leistung bestätigt.

Satz 4: Ergibt die Prüfung der Wohngeldbehörde nach Erlass einer Entscheidung nach Satz 1, dass die Entscheidung rechtswidrig war, kann die Entscheidung unter den Voraussetzungen des § 45 SGB X zurückgenommen werden. Eine Entscheidung nach Satz 1 ist entsprechend der Systematik des § 27 nicht schon dann rechtswidrig, weil Änderungen unterhalb der Schwelle des § 27 bei Erlass einer Entscheidung nach Satz 1 vorlagen. So soll zum Beispiel allein eine Erhöhung des Gesamteinkommens um weniger als 15 Prozent (vergleiche § 27 Absatz 2 Satz 1 Nummer 3), die vor Inkrafttreten eingetreten ist, nicht dazu führen, dass die Entscheidung nach Satz 1 rechtswidrig wird. Im Übrigen bleibt § 45 SGB X unberührt.

1

Satz 5: Ist die Entscheidung nach § 45 SGB X rechtswidrig und wird sie daher zurückgenommen, lebt der ursprüngliche Bewilligungsbescheid wieder auf. So kann eine abschließende Entscheidung nach § 27 oder § 28 WoGG getroffen werden.

Ungeachtet dessen kann der Bewilligungsbescheid jedoch nach § 28 Absatz 1 und 3 unwirksam werden. Änderungen der Verhältnisse sind nach den §§ 27 und 28 Absatz 2 WoGG nach Maßgabe des § 42a Absatz 1 Satz 6 zu prüfen und können zu einer Neuentscheidung führen, auch wenn zunächst eine Entscheidung nach Satz 1 ergangen ist. In diesem Fall erfolgt die Prüfung der Voraussetzungen des § 27 Absatz 1 oder Absatz 2 für den Zeitraum ab Inkrafttreten durch Gegenüberstellung der geänderten Verhältnisse und der im wieder aufgelebten ursprünglichen Bewilligungsbescheid zu Grunde gelegten Verhältnisse.

Satz 6: Hat die Wohngeldbehörde in den Fällen, in denen Wohngeld vor dem Inkrafttreten bewilligt wurde und bei denen mindestens ein Teil des Bewilligungszeitraums ab Inkrafttreten liegt, über einen Erhöhungsantrag nach § 27 Absatz 1 oder in einem Verfahren nach § 27 Absatz 2 neu zu entscheiden, soll eine differenzierte Anwendung des neuen Rechts erfolgen:

Für die Zeit bis zum Inkrafttreten soll nach dem bis dahin geltenden Recht entschieden werden.

Für die Zeit ab dem Inkrafttreten bis zum Ende des bisherigen Bewilligungszeitraums soll nach neuem Recht entschieden werden, wobei aber nur – wie bei der Entscheidung nach Satz 1 – die §§ 12 und 16 Satz 1 bis 4 und § 19 dieses Gesetzes sowie die Anlage zu § 1 Absatz 3 der Wohngeldverordnung in der ab dem Inkrafttreten geltenden Fassung anzuwenden sind.

Nach dem Ende des bisherigen Bewilligungszeitraums soll vollständig nach neuem Recht entschieden werden.

Durch diese differenzierte Anwendung des neuen Rechts wird sichergestellt, dass es nicht zu einer Schlechterstellung von Wohngeldempfängerinnen und -empfängern in den Fällen kommt, in denen aufgrund einer erheblichen Änderung im bisherigen Bewilligungszeitraum nach § 27 zu entscheiden ist.

Auch diejenigen Wohngeldempfängerinnen und -empfänger, über deren Wohngeld von Amts wegen erneut nach § 27 zu entscheiden ist, sollen aus Gründen der Gleichbehandlung hinsichtlich der noch nach altem Recht anzuwendenden Vorschriften wie etwa dem § 15 Absatz 2 beziehungsweise § 17 so gestellt werden, wie Wohngeldempfängerinnen und -empfänger gestellt werden, bei denen nur eine Entscheidung im automatisierten Verfahren nach Satz 1 ergeht.

Aus der Anwendbarkeit der §§ 27 und 28 folgt, dass das Verschlechterungsverbot des Satzes 3 in diesen Fällen keine Anwendung findet. Liegen die Voraussetzungen der §§ 27 und 28 vor, können Wohngeldempfängerinnen und -empfänger bereits nach der geltenden Rechtslage nicht mehr auf den Bestand eines Bewilligungsbescheides vertrauen. Vertrauensschutz ist im Rahmen der §§ 27 und 28 nicht von Belang. Nichts anderes kann gelten, wenn die Wohngeldleistungen durch das WoGRefG verbessert werden. Eine Neuentscheidung von Amts wegen nach § 27 oder eine Entscheidung nach § 28 Absatz 2 ist selbst dann möglich, wenn ihre Voraussetzungen der Wohngeldbehörde im Zeitpunkt einer automatisierten Entscheidung nach Satz 1 bekannt waren. Dies gilt erst recht dann, wenn diese Änderungen der Wohngeldbehörde danach bekannt werden.

Satz 7: Um einen Tatbestand auszuschließen, der insbesondere im Fall des § 45 SGB X eine Berufung auf Vertrauensschutz rechtfertigen könnte, ist in dem im automatisierten Verfahren ergangenen Bescheid nach Satz 1 in geeigneter Form darauf hinzuweisen, dass dieser im automatisierten Verfahren auf der Grundlage der Sätze 1 bis 5 ergangen ist. Es ist ferner darauf hinzuweisen, dass Änderungen nach den §§ 27 oder 28 Absatz 2 ab dem Zeitpunkt der Änderung der Verhältnisse, der auch vor dem Inkrafttreten liegen kann, zu einem geringeren Wohngeld oder zum Wegfall des Wohngeldes führen können.

Übergangsregelung bei über den Jahreswechsel noch ausstehender Entscheidung

§ 42a Absatz 2 lautet:

(2) ₁Ist bis zum 31. Dezember 2015 über einen Wohngeldantrag nach § 22 noch nicht entschieden, so ist für die Zeit bis zum 31. Dezember 2015 nach dem bis dahin geltenden Recht und für die darauffolgende Zeit nach dem neuen Recht zu entscheiden. ₂Ist in den Fällen des Satzes 1 das ab dem 1. Januar 2016 zu bewilligende Wohngeld geringer als das für Dezember 2015 zu

1

bewilligende Wohngeld, verbleibt es auch für den Teil des Bewilligungszeitraums ab dem 1. Januar 2016 bei diesem Wohngeld.

₃Ist über einen nach dem 31. Dezember 2015 gestellten Wohngeldantrag nach § 22 zu entscheiden und beginnt der Bewilligungszeitraum vor dem 1. Januar 2016, so sind die Sätze 1 und 2 entsprechend anzuwenden.

₄§ 24 Absatz 2 und § 27 bleiben unberührt.

§ 42a Absatz 2 regelt die Anwendung von altem und neuem Recht für bei Inkrafttreten der Reform noch nicht entschiedene Wohngeldanträge nach § 22.

Satz 1: Satz 1 entspricht dem Rechtsgedanken des § 41 Absatz 1. In den Fällen eines vor Inkrafttreten eingegangenen Wohngeldantrages, in dem vor dem Inkrafttreten noch nicht entschieden worden ist, soll nach Inkrafttreten für die Zeit bis zum Inkrafttreten nach dem bis dahin geltenden Recht, für die Zeit ab dem Inkrafttreten nach neuem Recht entschieden werden. Anders als in den Fällen, in denen Wohngeld vor Inkrafttreten bewilligt worden ist (vergleiche Absatz 1), sind auf vor Inkrafttreten eingegangene Wohngeldanträge nicht nur die §§ 12 und 16 Satz 1 bis 4 und § 19 dieses Gesetzes sowie die Anlage zu § 1 Absatz 3 der Wohngeldverordnung in der ab dem Inkrafttreten geltenden Fassung anzuwenden, sondern sämtliche Vorschriften in der neuen Fassung. Hiermit ist keine Ungleichbehandlung verbunden. Denn beide Fallgruppen sind insofern nicht miteinander vergleichbar, als es bei noch nicht entschiedenen Wohngeldanträgen aus der Natur der Sache heraus noch keinen bisherigen Bewilligungszeitraum gibt, bis zu dessen Ende das neue Recht nach Maßgabe des Absatzes 1 Satz 2 angewendet werden könnte.

Satz 2: Ergänzend soll verhindert werden, dass allein deshalb, weil noch nicht über den Wohngeldantrag entschieden worden ist, die Anwendung des neuen Rechts zu einem geringeren Wohngeld führt. Daher verbleibt es im Fall einer möglichen Verringerung des Wohngeldes ab Inkrafttreten – abweichend von § 41 Absatz 1 – auch für den restlichen Teil des Bewilligungszeitraums bei dem Wohngeld wie für den Monat vor Inkrafttreten.

Satz 3: Der Grundsatz der Sätze 1 und 2 soll auch in Fällen gelten, in denen Wohngeldanträge gemäß § 22 nach Inkrafttreten der Reform gestellt wurden, der maßgebende Bewilligungszeitraum jedoch vor

Inkrafttreten der Reform beginnt. Dies ist in den Fällen nach § 25 Absatz 3 und 4-E möglich. Auch hier gilt es, bisheriges und neues Recht anzuwenden und eine Schlechterstellung auszuschließen.

1

Satz 4: Satz 4 stellt klar, dass § 24 Absatz 2 und § 27 anwendbar bleiben. Der Verweis auf § 24 Absatz 2 soll klarstellen, dass auch – gegebenenfalls nur zu erwartende – erhebliche Änderungen der Verhältnisse zwischen Antragstellung und Entscheidung zu berücksichtigen sind (vergleiche § 24 Absatz 2 Satz 2 zweiter Halbsatz und Satz 3). Das Verschlechterungsverbot des Satzes 2 greift nicht mehr ab Änderung der Verhältnisse. Liegen etwa die Voraussetzungen des § 24 Absatz 2 in Verbindung mit § 27 Absatz 2 vor, sind Änderungen bereits nach der geltenden Rechtslage bei einer Entscheidung zu berücksichtigen. Nichts anderes kann gelten, wenn die Wohngeldleistungen durch das WoGRefG verbessert werden. Die verbesserten Wohngeldleistungen werden jedoch auch bei Änderungen der Verhältnisse dadurch berücksichtigt, dass ab Inkrafttreten nach neuem Recht zu entscheiden ist (vergleiche Satz 1).

Übergangsregelung bei Unterhaltssicherung

§ 42a Absatz 3 lautet:

(3) ₁In Fällen des § 31 Absatz 1 Satz 1 des Unterhaltssicherungsgesetzes sind § 14 Absatz 2 Nummer 23 und § 20 Absatz 1 dieses Gesetzes in der bis zum 31. Oktober 2015 geltenden Fassung anzuwenden.

₂Im Übrigen gelten die Absätze 1 und 2.

Absatz 3 steht im Zusammenhang mit der Aufhebung des § 14 Absatz 2 Nummer 23, der Neufassung des § 20 Absatz 1 dieses Gesetzes und dem Regierungsentwurf eines Gesetzes zur Neuregelung der Unterhaltssicherung sowie zur Änderung soldatenrechtlicher Vorschriften – BR-Drs. 57/15 –, der unter anderem eine Neufassung des Unterhaltssicherungsgesetzes vorsieht. Nach § 31 Absatz 1 USG-E soll unter anderem bei Anträgen auf Gewährung von Leistungen von freiwilligen Wehrdienst Leistenden, die ihren Dienst vor dem 1. November 2015 begonnen haben, das USG in der bis zum 31. Oktober 2015 geltenden Fassung angewendet werden.

1

Satz 1: Deshalb sind für diese Fälle auch der § 14 Absatz 2 Nummer 23 und der § 20 Absatz 1 WoGG in der bis zum 31. Oktober 2015 geltenden Fassung anzuwenden.

Satz 1 trat bereits zum 1. November 2015 in Kraft.

Satz 2: Hinsichtlich der Geltung der übrigen Rechtsvorschriften des WoGG gelten § 42a Absatz 1 und 2.

2 Anspruchsberechtigte

Wohngeldberechtigte

Berechtigte für einen Mietzuschuss

Mietzuschuss nach § 3 Abs. 1 WoGG können beantragen

- Mieter oder Untermieter einer Wohnung oder eines Zimmers,
- Inhaber einer Genossenschafts- oder einer Stiftswohnung,
- Bewohner eines Heimes, sofern sie nicht nur vorübergehend aufgenommen sind,
- mietähnliche Nutzungsberechtigte, insbesondere Inhaber eines mietähnlichen Dauerwohnrechts,
- Eigentümer eines Mehrfamilienhauses (drei oder mehr Wohnungen), eines Geschäftshauses oder eines Gewerbebetriebes, wenn sie in diesem Haus wohnen, Eigentümer eines Ein- oder Zweifamilienhauses, in dem sie wohnen, das jedoch auch Geschäftsräume in einem solchen Umfang enthält, dass es nicht mehr als ein Eigenheim angesehen werden kann.

Über den Wohnraum muss ein vertragliches Verhältnis vorliegen, das der Wohngeldbehörde auch nachzuweisen ist (z. B. durch eine Vermieterbescheinigung). Wohngeldberechtigter ist, wer diesen Vertrag unterschrieben hat.

Wichtig: Auf Grund des neuen Bundesmeldegesetzes ist der Vermieter seit 1. November 2015 verpflichtet, der Meldebehörde eine Vermieterbescheinigung beizubringen. Im Rahmen des Datenabgleichs kann nun sehr profund abgeprüft werden, welche Personen in einer Wohnung als Mieter gemeldet sind.

Berechtigte für einen Lastenzuschuss

Lastenzuschuss nach § 3 Abs. 2 WoGG gibt es bei Vorliegen der Voraussetzungen für Eigentümer oder Inhaber

- eines Eigenheims oder einer Eigentumswohnung,
- einer Kleinsiedlung,
- einer landwirtschaftlichen Nebenerwerbsstelle,
- einer landwirtschaftlichen Vollerwerbsstelle, falls Wohn- und Wirtschaftsteil voneinander getrennt sind und für den Wohnteil eine Wohngeldlastenberechnung aufgestellt werden kann,
- eines eigentumsähnlichen Dauerwohnrechts.

Auch Erbbauberechtigte und diejenigen, die Anspruch auf Übereignung des Gebäudes oder der Wohnung bzw. auf Übertragung oder Einräumung des Erbbaurechts haben, sind anspruchsberechtigt. Dies gilt auch für Personen, die Anspruch auf Übertragung oder Übereignung des oben aufgeführten Eigentums bzw. der Rechte haben.

2

Voraussetzung für den Lastenzuschuss ist, dass der Wohnrauminhaber den Wohnraum selbst bewohnt und die Belastung dafür aufbringt.

Eigentümer ist auch der Miteigentümer. Wohnen Miteigentümer in demselben Wohngebäude in verschiedenen Wohnungen, ist jeder Miteigentümer für den von ihm genutzten Wohnraum wohngeldberechtigt. Entsprechendes gilt, wenn mehrere Erbbauberechtigte, Wohnungserbbauberechtigte oder Personen, die einen Anspruch auf Einräumung oder Übertragung des Erbbaurechts oder des Wohnungserbbaurechts haben, in demselben Gebäude wohnen (siehe auch WoGVwV 2009 zu § 3, 3.25).

Wohnraum

Wohnraum sind Räume, die zum Wohnen bestimmt und hierfür nach ihrer baulichen Anlage und Ausstattung tatsächlich geeignet sind (§ 2 WoGG). Maßgeblich sind die Zweckbestimmung zum Wohnen durch den Verfügungsberechtigten und die tatsächliche Eignung zum Wohnen.

Dies kann auch bei Räumen der Fall sein, die nur dem vorübergehenden Wohnen dienen. Auch Wohnheime, Frauenhäuser, Übergangsheime und ähnlichen Einrichtungen kommen laut Verwaltungsvorschrift zum Wohngeldgesetz (WoGVwV 2009 zu § 2) in Frage, wenn die Räumlichkeiten

■ für eine gewisse Dauer zum Wohnen bestimmt und überlassen worden sind (mindestens ein Monat),

■ nach ihrer baulichen Anlage und Ausstattung tatsächlich zum Wohnen geeignet sind,

■ ein eigenes häusliches Wirtschaften, insbesondere eine eigene Essenzubereitung, ermöglichen.

Die Möglichkeit der Essenszubereitung sowie die Nutzung sanitärer Einrichtungen kann dabei auch in Räumen erfolgen, die von anderen Personen, die keine Haushaltsmitglieder sind, genutzt werden. Es muss diesbezüglich keine Abgeschlossenheit zum Wohnraum vorliegen.

2

Ausgeschlossen sind aber Notunterkünfte aller Art, wie Schlafstellen, Sammellager, Schulen, Turnhallen, Wohnwagen und Zelte (WoGVwV 2009 zu § 2).

Wohngeld bzw. eine Wohngeldberechtigung kommt nur in Frage, wenn dieser Wohnraum auch wirklich genutzt wird. Unerheblich ist, ob innerhalb der Wohnung einzelne Räume leer stehen oder zu anderen als Wohnzwecken genutzt werden (z. B. als Büroraum). Dies kann sich bei der Wohngeldberechnung allerdings auf die Höhe des Wohngeldes auswirken, da diese Räume aus der Berechnung herausgenommen werden.

Kann der Wohnraum vorübergehend nicht genutzt werden, so hat dies keine Auswirkungen auf die Wohngeldberechtigung. Anwendungsfälle sind hier beispielsweise der Aufenthalt wegen Untersuchungshaft, ein längerer Krankenhausaufenthalt, eine zeitlich beschränkte Reha-Maßnahme, eine zeitweilige Unterbringung in einem psychiatrischen Krankenhaus, Tag- oder Nachtpflege in einer stationären Einrichtung, Kurzzeitpflege oder auch eine längere arbeitsbedingte Abwesenheit (z. B. Montagetätigkeit).

Zur Abgrenzung ist hier zu untersuchen, ob der gewöhnliche Aufenthalt weiter in der Wohnung als seinem Wohnsitz anzusiedeln ist, wo also der Lebensmittelpunkt ist (§ 30 SGB I).

Heimplatz

Wie in § 3 Abs. 1 Nr. 3 WoGG aufgeführt, sind auch „Personen, die in einem Heim in Sinne des Heimgesetzes oder entsprechender Gesetze der Länder nicht nur vorübergehend aufgenommen sind" wohngeldberechtigt.

Gemeint sind damit Einrichtungen, die dem Zweck dienen, ältere Menschen oder pflegebedürftige oder behinderte Volljährige dauerhaft aufzunehmen, ihnen Wohnraum zu überlassen sowie Betreuung und Verpflegung zur Verfügung zu stellen oder vorzuhalten, und die in ihrem Bestand von Wechsel und Zahl der Bewohner und Bewohnerinnen unabhängig sind und entgeltlich betrieben werden (WoGVwV 2009 zu § 3, 3.15).

Ausschlaggebend dabei ist, dass die Bewohner vertraglich verpflichtet sind, Verpflegung und weitergehende Betreuungsleistungen von bestimmten Anbietern anzunehmen. Nicht ausreichend ist das reine Angebot, dass Verpflegungs- und Betreuungsleistungen in Anspruch genommen werden können. Dies gilt auch dann, wenn die Mieter vertraglich verpflichtet sind, allgemeine Betreuungsleistungen wie Notrufdienste oder Vermittlung von Dienst- und Pflegeleistungen von bestimmten Anbietern anzunehmen und das Entgelt hierfür im Verhältnis zur Miete von untergeordneter Bedeutung ist.

2

Insbesondere im Hinblick auf die in den vergangenen Jahren entstandenen alternativen Wohnformen wie etwa den ambulant betreuten Wohngruppen, den in mit dem Pflegeneuausrichtungsgesetz und dem Pflegestärkungsgesetz I stark geförderten „Pflege-WGs" sowie den in den einzelnen „Länderheimgesetzen" unterschiedlich ausgeprägten Wohnformen wird es zunehmend schwieriger, hier die richtige Abgrenzung zu finden. Der Bewohner einer solchen Betreuungsform steht aber im Zweifelsfall nicht schutzlos. Liegt kein „Heim" wie nach dem Wohngeldgesetz gefordert vor, so ist aufgrund des vorliegenden Vertrages davon auszugehen, dass es sich wohngeldrechtlich um ein Mietverhältnis oder ein diesem ähnliches Nutzungsverhältnis handelt, sodass aus diesem Grund eine Wohngeldberechtigung vorliegt.

Als Beispiel sei hier die Entscheidung des Verwaltungsgerichts Würzburg (Urteil vom 14. 6. 2012 – Az. W 3 K 11.582) aufgeführt: In diesem Fall erstritt sich ein Bewohner einer betreuten Wohngruppe einer sozialtherapeutische Lebensgemeinschaft für psychisch (seelisch) kranke Menschen seinen Wohngeldanspruch. Zwar lag kein „Heim" nach den Grundsätzen des bayerischen PfleWoqG vor. Das Gericht sah aber ein dem Mietverhältnis ähnliches Nutzungsverhältnis nach § 3 Abs. 1 Satz 2 Nr. 1 WoGG als gegeben an und nahm bei der Begriffserklärung Rückgriff auf die Rechtsprechung des Bundesverwaltungsgerichts (BVerwG, Urteil vom 14. 8. 1992, Az. 8 C 39/91). Danach ist Voraussetzung für das Vorliegen eines dem Mietverhältnis ähnlichen Nutzungsverhältnisses:

■ Die Bemessung des vom Benutzer verlangten Entgelts muss sich zumindest in ihren Grundzügen mit einer Miete vergleichen lassen, und

■ der Benutzer muss zu einer abgesonderten und selbständigen Nutzung der überlassenen Räume berechtigt sein und zu diesem Zweck Besitz an ihnen haben.

2

Wohngeldanspruch von Ausländern

Ausländische Personen haben einen Wohngeldanspruch, wenn sie sich nach Maßgabe der Aufzählung in § 3 Abs. 5 Satz 1 WoGG berechtigt bzw. geduldet im Bundesgebiet aufhalten.

Eine bestimmte Dauer des Aufenthalts ist im Wohngeldgesetz nicht näher geregelt, da auch schon für einen verhältnismäßig kurzen Aufenthalt Wohnraum benötigt wird. Allerdings wird bei sehr kurzen Aufenthalten in der Bundesrepublik Deutschland von bis zu drei Monaten (z. B. Kurzzeitvisum), in aller Regel der Mittelpunkt der Lebensbeziehungen der ausländischen Person nicht innerhalb des Bundesgebietes – und somit nicht im Wohnraum – liegen.

Unionsbürger

Ausländer, die einem EU-Mitgliedsstaat angehören, haben nach dem Freizügigkeitsgesetz/EU ein Aufenthaltsrecht. Hält sich dieser Personenkreis in Deutschland auf, besteht eine Wohngeldberechtigung.

Drittstaatenangehörige

Bei Nicht-EU-Ausländern muss ein gültiger Aufenthaltstitel nach dem Aufenthaltsgesetz vorliegen.

Aufenthaltstitel nach § 4 AufenthG sind:

- Aufenthaltserlaubnis
- Blaue Karte EU
- Erlaubnis zum Daueraufenthalt – EU
- Niederlassungserlaubnis
- Visum

Achtung: Strittig ist, ob der Ausländer bei Bezug von Wohngeld die allgemeinen Erteilungsvoraussetzung für den Aufenthaltstitel noch erfüllt.

Nach § 5 Abs. 1 Nr. 1 AufenthG setzt die Erteilung eines Aufenthaltstitels in der Regel voraus, dass der Lebensunterhalt des Ausländers gesichert ist. Dies ist nach § 2 Abs. 3 AufenthG nur dann der Fall, wenn der Ausländer seinen Lebensunterhalt einschließlich ausreichenden Krankenversicherungsschutzes ohne Inanspruchnahme öffentlicher Mittel bestreiten kann. Außer Betracht bleiben dabei das Kindergeld, der Kinderzuschlag, das Elterngeld sowie sonstige öffentliche Mittel, die auf Beitragsleistungen beruhen oder die gewährt werden, um den Aufenthalt im Bundesgebiet zu ermöglichen. In diesen Ausnahmekatalog fällt das Wohngeld nicht. In der Verwaltungsvorschrift zum Aufenthaltsgesetz (Nr. 2.3.1.3) heißt es deshalb auch: „Eine Sicherung des Lebensunterhalts liegt auch dann nicht vor, wenn Wohngeld tatsächlich bezogen wird."

2

Einige Gerichte sehen dies allerdings zwischenzeitlich anders. Das OVG Lüneburg argumentiert in seinem Beschluss vom 20. März 2012 (Az. 8 LC 277/10) beispielsweise, dass die Inanspruchnahme öffentlicher Mittel der Annahme einer Sicherung des Lebensunterhalts nur dann entgegensteht, wenn die in Anspruch genommenen öffentlichen Mittel auch zur Sicherung des Lebensunterhalts notwendig sind. Dies kann beispielsweise dann der Fall sein, wenn sich Personen mit geringem Einkommen gegen den Bezug von Leistungen nach dem SGB II entscheiden, und stattdessen Leistungen nach dem Wohngeldgesetz beziehen. Kann der reine Wohngeldbezug bei einkommensschwachen Ausländern den Bedarf der Haushaltsgemeinschaft decken, betrifft dies nicht die Sicherung des Lebensunterhalts, sondern dem Zweck des Wohngelds gemäß die wirtschaftlichen Sicherung angemessenen und familiengerechten Wohnens.

Bestätigt wird diese Argumentation durch die Entscheidung des Bundesverwaltungsgerichts vom 29. November 2012 (Az. 10 C 4.12): Etwaige Ansprüche auf Bewilligung von Wohngeld müssen bei der Berechnung der Sicherung des Lebensunterhalts eines Ausländers grundsätzlich außen vor bleiben – jedenfalls dann, wenn Wohngeld über den SGB II-Anspruch hinaus gewährt wird. Der Bezug von Wohngeld schadet also nicht, wenn der Bedarf aus eigenem Einkommen, Vermögen oder aufenthaltsrechtlich unschädlichen öffentlichen Leistungen bereits gedeckt ist.

Dennoch: Da die Weitergewährung des Aufenthaltstitels in den Ermessensraum der Ausländerbehörde fällt, sollte vor Stellung eines Wohngeldantrags mit dieser gesprochen und mögliche Konsequenzen abgeklärt werden.

Geduldete, Asylbewerber

Ein Anspruch auf Wohngeld besteht grundsätzlich auch für geduldete Ausländer. Dabei hängt dies maßgeblich davon ab, dass der Antragsteller rechtlich und tatsächlich in der Lage ist, „auf längere Dauer einen Wohnsitz im Mittelpunkt der Lebensbeziehung zu begründen

2

und dabei einen selbstständigen Haushalt zu führen". Geduldete sind also dann wohngeldberechtigt, wenn sie belegen können, dass ihr Aufenthalt in absehbarer Zeit nicht beendet werden kann, weil z. B. ein langfristiges Abschiebungshindernis vorliegt. Der Aufenthalt in Deutschland muss also zumindest „zukunftsoffen" sein (OVG Hamburg, Beschluss vom 26. 4. 2006 – Az. 4 Bs 66/06). Dies bestätigte der VGH Baden-Württemberg in seiner Entscheidung vom 17. Juli 2013 (Az. 3 S 1514/12): Ausländer, deren Abschiebung aus familiären Gründen dauerhaft unmöglich sei, gehörten typischerweise zum förderungswürdigen Personenkreis.

Auch Asylbewerber sind wohngeldberechtigt – sofern sie nicht in Erstaufnahmeeinrichtungen oder Gemeinschaftsunterkünften leben bzw. aufgrund der in den ausländerrechtlichen Vorschriften geregelten Residenzpflicht dort leben müssen und solange sie noch Leistungen nach dem Asylbewerberleistungsgesetz erhalten.

Nach einer Aufenthaltsdauer von 15 Monaten in Deutschland besteht ein grundsätzlicher Anspruch auf Leistungen, die sich am gesamten Umfang des SGB XII orientieren (sog. Analogleistungen). Ab diesem Zeitpunkt ist Wohngeld regelmäßig ausgeschlossen, da die SGB XII-Leistungen Unterkunftskosten meist miteinschließen.

Mehrere Wohngeldberechtigte

Kommen für die Berechtigung von Miet- oder Lastenzuschuss mehrere Haushaltsmitglieder in Betracht (z. B. Ehepaar hat im Mietvertrag jeweils als Mieter unterschrieben), so ist grundsätzlich nur eine Person wohngeldberechtigt. Wer wohngeldberechtigt ist und Wohngeld beantragt, bestimmen die Haushaltsmitglieder untereinander.

Antragsberechtigt ist auch jemand, der vom Wohngeld ausgeschlossen ist (z. B. wegen Bezugs von Transferleistungen nach § 7 WoGG), wenn er mit mindestens einem der in Frage kommenden Haushaltsmitglieder eine Wohnung gemeinsam bewohnt (§ 3 Abs. 4 WoGG).

Diese wohngeldberechtigte Person kann dann für die Haushaltsgemeinschaft einen Wohngeldantrag nach § 22 WoGG stellen.

Wichtig: Die Bestimmung der wohngeldberechtigten Person gilt für das gesamte Antragsverfahren und für Erhöhungsanträge während eines Bewilligungszeitraums. Der Wechsel der wohngeldberechtigten Person ist grundsätzlich nicht zulässig; eine Ausnahme gilt nur bei Auszug oder Tod des Wohngeldberechtigten (§ 22 Abs. 3 WoGG).

Haushaltsmitglieder

2

Berücksichtigung aller Mitglieder

Bei der Berechnung des Wohngeldes sind grundsätzlich sämtliche Haushaltsmitglieder zu berücksichtigen. Eine Ausnahme gilt nur, wenn diese aufgrund von §§ 7 und 8 WoGG vom Wohngeld ausgeschlossen sind, weil andere Sozialleistungen vorrangig sind oder weil das Haushaltsmitglied verstirbt (§ 6 Abs. 2 WoGG).

Von daher ist es wichtig, zu klassifizieren, wer als Haushaltsmitglied gilt:

Haushaltsmitglied nach § 5 Abs. 1 WoGG ist zunächst die wohngeldberechtigte Person selbst. Haushaltsmitglieder sind auch alle Personen, die mit der wohngeldberechtigten Person den Wohnraum gemeinsam bewohnen, wenn dieser der jeweilige Mittelpunkt der Lebensbeziehung ist.

Familienmitglieder, verwandtschaftliches Verhältnis

Dies gilt natürlich für Familienmitglieder bzw. bei Vorliegen eines verwandtschaftlichen Verhältnisses:

- der Ehegatte bzw. der Lebenspartner (eingetragene Lebenspartnerschaft)
- Verwandte in gerader Linie: Großeltern, Eltern und Kinder (auch Adoptiv- und Stiefkinder)
- Verwandte zweiten und dritten Grades in der Seitenlinie: z. B. Geschwister, Onkel, Tanten, Nichten, Neffen
- Verschwägerte in gerader Linie sowie Verschwägerte zweiten und dritten Grades in der Seitenlinie: Schwager und Schwägerin, Schwiegereltern
- Pflegekinder ohne Rücksicht auf ihr Alter und Pflegeeltern

Verantwortungs- und Einstehensgemeinschaft

Dies gilt auch für eheähnliche Lebensgemeinschaften, sofern eine Verantwortungs- und Einstehensgemeinschaft vorliegt (§ 5 Abs. 1 Nr. 3 WoGG). Nach den Verwaltungsvorschriften zum Wohngeldge-

2

setz (5.21) ist eine Verantwortungs- und Einstehensgemeinschaft „eine auf Dauer angelegte Lebensgemeinschaft, die daneben keine weitere Lebensgemeinschaften gleicher Art zulässt. Sie zeichnet sich durch eine innere Bindung aus, die ein gegenseitiges Einstehen für-einander begründet und damit über eine reine Wohn- und Wirt-schaftsgemeinschaft hinausgeht. Die Verantwortungs- und Einste-hensgemeinschaft muss nach verständiger Würdigung einer Ehe oder Lebenspartnerschaft ähnlich sein." Die Verwaltungsvorschrift nimmt weiter Bezug auf den Gesetzeswortlaut von § 7 Abs. 3a SGB II, in dem die Voraussetzungen einer Verantwortungs- und Einstehensgemein-schaft definiert sind. Danach wird ein „wechselseitiger Wille, Verant-wortung füreinander zu tragen und füreinander einzustehen", ver-mutet, wenn die Partner entweder

■ länger als ein Jahr zusammenleben, oder

■ mit einem gemeinsamen Kind zusammenleben, oder

■ Kinder oder Angehörige im Haushalt versorgen, oder

■ befugt sind, über Einkommen oder Vermögen des anderen zu ver-fügen.

Liegt mindestens eines dieser Kriterien vor, wird davon ausgegangen, dass eine Verantwortungs- und Einstehensgemeinschaft vorliegt. Die Beweislast für das Nichtbestehen einer solchen Gemeinschaft liegt bei den Personen, welche die Wohnung gemeinsam bewohnen. Die blo-ße Behauptung, dass eine solche Gemeinschaft nicht besteht, ist nicht ausreichend.

Wohngeldreform 2016
Mit der Wohngeldreform werden die bisherigen Begriffe „Wohn-gemeinschaft" und „Wirtschaftsgemeinschaft" aufgelöst bzw. dem Wortlaut des § 5 entnommen (Streichung des bisherigen Ab-satz 3 und Absatz 4). Aufgrund der oben dargestellten Einstehens- und Verantwortungsgemeinschaft und dem Verweis auf die Defi-nition in § 7 Abs. 3 SGB II wurde diese Merkmale obsolet.

Liegt eine klassische Wohngemeinschaft (WG) – jeder Bewohner wirtschaftet eigenständig (getrennte Kassen, eigene Versorgung) – so muss dies jedenfalls dann nachgewiesen werden, wenn die WG schon länger als ein Jahr besteht. Jeder Anspruchsberechtigte kann unab-hängig von den anderen Bewohnern für den von ihm genutzten Teil der Wohnung Wohngeld beantragen. Diese Teile müssen klar abgrenzbare eigenständige Wohnbereiche sein. Für gemeinsam genutzte funktionale Teile der Wohnung (z. B. Küche, Bad, Flur, Toilette, Abstellraum) können anteilige Kosten geltend gemacht werden.

2

Lebensmittelpunkt

Damit eine Person, die mehrere Wohnungen bewohnt, eindeutig einer Wohnung zugeordnet werden und grundsätzlich nicht für zwei Wohnungen Wohngeld erhalten kann, wird für die Bewilligung von Wohngeld der Wohnraum als maßgeblich angesehen, der den Mittelpunkt der Lebensbeziehungen bildet. Jede Person kann nur einen Lebensmittelpunkt haben. Nur in der Wohnung dieses Mittelpunkts soll sie Haushaltsmitglied im Sinne des Wohngeldrechts sein. Damit sind Zweitwohnungen, insbesondere wegen Arbeitstätigkeit (doppelter Haushaltsführung) ausgeschlossen. Zur Ausnahme wegen gemeinsamer Kinderbetreuung von getrennt lebenden Eltern siehe gleich.

Vorübergehende Abwesenheit in der Wohnung ist unschädlich. Dies gilt insbesondere, wenn andere im Haushalt lebende Familienangehörige das außerhalb lebende Mitglied unterstützen. Typische Fälle sind etwa Ausbildungs- oder Studienzeiten, bei denen sich das Haushaltsmitglied unter der Woche an einem anderen Ort befindet. Dies gilt auch bei vorübergehender Abwesenheit wegen Krankheit oder Pflegebedürftigkeit.

Verstirbt ein Familienmitglied, so wird für die Dauer von 24 Monaten nach dem Sterbemonat die alte Haushaltsgröße zugrunde gelegt, wenn die Wohnung in diesem Zeitraum weiter bewohnt wird. Wird allerdings die Wohnung vor Ablauf der 24 Monate aufgegeben, gilt die alte Haushaltsgröße nur bis zum Zeitpunkt des Wohnungswechsels.

Kinder getrennt lebender Eltern

Immer mehr Eltern entschließen sich nach einer Trennung zu einer anteilig gleichwertigen Betreuung ihrer Kinder, dem sogenannten paritätischen Wechselmodell. Die Kinder haben damit – als Ausnahmefall zum oben dargestellten Grundsatz – zwei Lebensmittelpunkte und pendeln nach einem festgelegten Rhythmus zwischen den Haushalten der Eltern. Wenn getrennte Eltern, die ein Wechselmodell praktizieren, die allgemeinen Anspruchsvoraussetzungen für Wohngeld erfüllen, zählt das Kind bei beiden Elternteilen als zu berücksichtigendes Haushaltsmitglied.

Wohngeldreform 2016

2

Dieses Modell ist war bisher in § 5 Abs. 6 WoGG geregelt.

Mit der Wohngeldreform wird dieses Modell – modifiziert – in § 5 Abs. 4 WoGG niedergelegt.

Zum Vergleich hier der Wortlaut der beiden Fassungen:

Fassung bis 31. 12. 2015:
(6) Haben nicht nur vorübergehend getrennt lebende Eltern das *gemeinsame Sorgerecht* für ein Kind oder mehrere Kinder und halten sie für die Kinderbetreuung *zusätzlichen Wohnraum* bereit, ist jedes annähernd zu gleichen Teilen betreute Kind bei beiden Elternteilen Haushaltsmitglied. Betreuen die Eltern mindestens zwei dieser Kinder nicht zu annähernd gleichen Teilen, ist bei dem Elternteil mit dem *geringeren Betreuungsanteil* nur das jüngste dieser nicht zu annähernd gleichen Teilen betreuten Kinder Haushaltsmitglied. Für Pflegekinder und Pflegeeltern gelten die Sätze 1 und 2 entsprechend.

Fassung ab 1. 1. 2016:
(4) Betreuen nicht nur vorübergehend getrennt lebende Eltern ein Kind oder mehrere Kinder zu annähernd gleichen Teilen, ist jedes dieser Kinder bei beiden Elternteilen Haushaltsmitglied. Gleiches gilt bei einer Aufteilung der Betreuung bis zu einem Verhältnis von mindestens einem Drittel zu zwei Dritteln je Kind. Betreuen die Eltern mindestens zwei dieser Kinder nicht in einem Verhältnis nach Satz 1 oder 2, ist bei dem Elternteil mit dem geringeren Betreuungsanteil nur das jüngste dieser Kinder Haushaltsmitglied. Für Pflegekinder und Pflegeeltern gelten die Sätze 1 bis 3 entsprechend.

Gegenüber der bisherigen Regelung gibt es folgende Änderungen:

- Keine Notwendigkeit eines eigenen Zimmers mehr
  In der Gesetzesbegründung wird dazu ausgeführt: „Im Unterschied zur bisherigen Regelung soll nicht mehr erforderlich sein, dass nicht nur vorübergehend getrennt lebende Eltern für die Kinderbetreuung zusätzlichen Wohnraum bereithalten, damit jedes in dem beschriebenen Verhältnis betreute Kind bei beiden

Elternteilen Haushaltsmitglied ist. [...] Das ist sachgerecht, denn auch bei zusammenlebenden Eltern erfolgt keine Prüfung, ob für das Kind oder die Kinder ein Kinderzimmer vorhanden ist."

2

- Kein gemeinsames Sorgerecht mehr notwendig
  Der Gesetzesbegründung ist dazu zu entnehmen: „Auch nicht mehr erforderlich für die Berücksichtigung des Kindes als Haushaltsmitglied soll sein, dass nicht nur vorübergehend getrennt lebende Eltern das gemeinsame Sorgerecht für ein Kind oder mehrere Kinder haben. Entscheidend für die Berücksichtigung als Haushaltsmitglied ist der tatsächlich aufgewendete Betreuungsumfang. Dieser korrespondiert nicht zwingend mit dem gemeinsamen Sorgerecht."

- Festlegung des maßgeblichen Betreuungsverhältnisses
  Die Gesetzesbegründung führt dazu aus: „Das maßgebliche Betreuungsverhältnis der nicht nur vorübergehend getrennt lebenden Eltern, zu dem sie untereinander die Betreuung des Kindes oder der Kinder aufgeteilt haben müssen, damit Kinder als Haushaltsmitglied in beiden Haushalten Berücksichtigung finden, war bisher ausschließlich in der WoGVwV enthalten [...]. Die dortige Festlegung des erforderlichen Betreuungsverhältnisses von mindestens einem Drittel zu zwei Drittel je Kind soll aus Gründen der Rechtssicherheit im Gesetz aufgenommen werden."

Die Eltern müssen das Wechselmodell glaubhaft machen, eine schriftliche Vereinbarung allein ist nicht ausreichend. So müssen etwa Betreuungseinrichtungen der Kinder in angemessener Erreichbarkeit von beiden Wohnsitzen liegen und sich die Kinder regelmäßig bei beiden Eltern aufhalten (WoGVwV 2009 zu § 5, 5.61).

Wichtig: Nicht ausschlaggebend ist, unter welchem Hauptwohnsitz das Kind gemeldet ist, da dies die wohngeldrechtliche Regelung unterlaufen würde. Das Bundesverwaltungsgericht hat in seiner Entscheidung vom 30. September 2015 (Az. 6 C 38.14) klargestellt, dass die Eintragung mehrerer Hauptwohnungen minderjähriger Kinder bei Ausübung des Sorgerechts durch die getrennt lebenden Eltern unzulässig ist. Auch wenn die getrennt lebenden Eltern eines minderjährigen Kindes das Sorgerecht im paritätischen Wechselmodell ausüben, ist im melderechtlichen Sinne die Wohnung nur eines der

2

Elternteile die Hauptwohnung des Kindes. Nach den einschlägigen Bestimmungen des Melderechts ist die gleichzeitige Eintragung mehrerer Hauptwohnungen in das Melderegister ebenso unzulässig wie die Eintragung mehrerer Wohnungen, ohne dass deren Status als Haupt- oder Nebenwohnung bestimmt ist.

Grundsätzlich ist Hauptwohnung die überwiegend benutze Wohnung, bei Minderjährigen die Wohnung der Personensorgeberechtigten und, wenn diese getrennt leben, die Wohnung des Sorgeberechtigten, welche der Minderjährige überwiegend nutzt. In Zweifelsfällen ist die überwiegend genutzte Wohnung dort, wo der Schwerpunkt der Lebensbeziehungen liegt. Lässt sich im paritätischen Wechselmodell nicht feststellen, welche Wohnung das minderjährige Kind überwiegend nutzt und wo der Schwerpunkt seiner Lebensbeziehungen liegt, so obliegt es den Eltern, gemeinsam eine ihrer Wohnungen als Hauptwohnung des Kindes zu bestimmen. Können sie sich nicht einigen, ist Hauptwohnung die Wohnung desjenigen Elternteils, dessen Wohnung bislang Hauptwohnung oder alleinige Wohnung des Minderjährigen war. Die Wohnung des anderen Elternteils ist als weitere Wohnung Nebenwohnung.

Ausländische Haushaltsmitglieder

Es muss ein tatsächlicher (dauerhafter) Aufenthalt in Deutschland vorliegen. Auch muss ein in § 3 Abs. 5 WoGG genannter Aufenthaltsstatus gegeben sein (siehe S. 30).

Ausschluss von Transferleistungsempfängern

Grundsatz der Ausschlussregelung

Haushaltsmitglieder, die nach Maßgabe der §§ 7 und 8 WoGG vom Wohngeld ausgeschlossen sind, sind bei der Berechnung des Wohngeldes nicht zu berücksichtigen. Die Anzahl der nicht zu berücksichtigenden Haushaltsmitglieder ist jedoch in den Fällen des § 11 Abs. 3 WoGG maßgebend

- für den Anteil der Miete oder Belastung
- für den Anteil am Höchstbetrag für Miete und Belastung
- für den Anteil am Betrag für Heizkosten

Grundsätzlich vom Bezug von Wohngeld ausgeschlossen sind Personen, die Transferleistungen nach § 7 Abs. 1 WoGG beantragt haben bzw. bereits erhalten. Deren Unterkunfts- und Heizungskosten werden bereits im Rahmen der gezahlten (Regel)-Leistungen berücksichtigt. Sinn dieser Regelung ist die klare Trennung der jeweils zuständigen sozialen Sicherungssysteme. Die Unterkunftskosten von Transferleistungsempfängern sollen allein durch die von diesen jeweils in Anspruch genommene Transferleistung abgegolten werden. Das Wohngeld verbleibt dagegen ein Zuschuss für diejenigen Personen, die keine weiteren Transferleistungen erhalten (VGH Baden-Württemberg, Urteil vom 23. 6. 2009 – Az. 12 S 2854.07).

2

Der Ausschluss von Wohngeld tritt dabei unabhängig von der Höhe der empfangenen Transferleistung in voller Höhe ein (VGH Bayern, Urteil vom 27. 4. 2010 – Az. 12 BV 08.3353). Selbst ein geringer Betrag sperrt den Anspruch auf Wohngeld komplett. Diese Sperrwirkung tritt auch dann ein, wenn die Berechnung der Transferleistung ergibt, dass Kosten der Unterkunft nicht oder nicht in voller Höhe geleistet werden müssen. Erforderlich ist lediglich, dass bei der Berechnung die Kosten der Unterkunft entsprechend den Vorschriften der „Transferleistungsgesetze" ordnungsgemäß berücksichtigt wurden. Ergibt sich danach, dass keine Zahlungen zu leisten sind, springt das Wohngeld nicht subsidiär ein.

Rückausschluss: Wohngeld wird doch geleistet

Etwas anderes gilt nur, wenn durch das Wohngeld die Hilfebedürftigkeit (§ 9 SGB II, § 19 Abs. 1 und 2 SGB XII, § 27a BVG) vermieden oder beseitigt werden kann und der zuständige Träger eine der nach § 7 Satz 1 Nr. 1 bis 7 WoGG genannten Leistungen als nachrangig verpflichteter Leistungsträger in Anwendung von § 104 SGB X erbringt. Diese Regelung des § 7 Abs. 1 Satz 3 Nr. 2 Buchstabe b WoGG wurde 2009 für Fälle eingefügt, in denen an sich ein vorrangiger Wohngeldanspruch besteht, er aber bislang wegen des aktuellen Bezugs von Transferleistungen nicht durchgesetzt werden konnte. Mit dieser Regelung wird der Wechsel aus dem Transferleistungsbezug in das Wohngeld erleichtert, wenn durch Wohngeld die Hilfebedürftigkeit vermieden werden kann. Der Wohngeldausschluss ist dann so eingeschränkt, dass jedenfalls übergangsweise ein gleichzeitiger Bezug von bestimmten Transferleistungen und Wohngeld möglich ist und dieser dann im Erstattungsweg zwischen den Leistungsträgern ausgeglichen wird.

2

Werden die Transferleistungen nur als Darlehen gewährt, dann ist der Anspruch auf Wohngeld nicht ausgeschlossen, da der Darlehensbezieher durch die Rückzahlungsverpflichtung letztendlich doch für seine Unterkunftskosten selbst aufkommt.

Ausführliche Hinweise zum Rückausschluss sind auf S. 48 ff. zu finden.

Überblick über die einzelnen Transferleistungen

Die in § 7 Abs. 1 Nr. 1 bis 9 WoGG genannten Transferleistungen sind abschließend. Bei jeder Fallbearbeitung muss daher geprüft werden, welche Leistung genau gemeint ist und ob diese Leistung eine Unterkunftskomponente in sich trägt, so dass sie in diesen Ausschlusskatalog passt.

§ 7 Abs. 1 Satz 1 Nr. 1 WoGG
Arbeitslosengeld II und Sozialgeld (§ 19 SGB II)

Arbeitslosengeld II-Empfänger und Empfänger von Sozialgeld haben keinen Wohngeldanspruch, wenn bei der Berechnung der SGB II-Leistung Unterkunftskosten berücksichtigt werden (§ 7 Abs. 1 WoGG). Sie erhalten bereits angemessene Unterkunfts- und Heizungskosten (sog. KdU-Leistungen) nach § 22 SGB II im Rahmen ihres Anspruchs auf Leistungen nach SGB II.

Auch Mitglieder der Bedarfsgemeinschaft haben keinen Anspruch auf Wohngeld (§ 7 Abs. 2 WoGG i. V. m. § 7 Abs. 3 SGB II, sog. mittelbare Transferleistungsempfänger). Mitglieder der Bedarfsgemeinschaft sind Ehepartner und Partner in eheähnlicher Gemeinschaft und gleichgeschlechtlicher Lebenspartnerschaft, minderjährige, unverheiratete Kinder sowie die im Haushalt lebenden Eltern oder Elternteile von unverheirateten minderjährigen Kindern.

Nach § 9 Abs. 2 SGB II wird die Hilfebedürftigkeit eines Haushalts insgesamt festgestellt. Dabei werden die Einnahmen einer Person einer Bedarfsgemeinschaft zuerst zur Deckung des Bedarfs der jeweiligen Person berücksichtigt. Ein möglicherweise verbleibender Rest wird dann auf den Bedarf der anderen Mitglieder der Bedarfsgemeinschaft angerechnet. Daher kann es vorkommen, dass ein Mitglied oder mehrere Mitglieder einer Bedarfsgemeinschaft keine Leistungen nach dem SGB II erhalten, dennoch aber weiterhin zur Bedarfsgemeinschaft gehören. Da auch ihr Anteil an der Miete und gegebenenfalls ihre Einnahmen bei der Berechnung der einzelnen Leistungen der Mitglieder der Bedarfsgemeinschaft berücksichtigt

40

werden, ist der Ausschluss auch dieser Personen vom Wohngeld sachgerecht.

Wohngeld bei SGB II-Leistungen ohne Unterkunftskomponente

SGB II-Leistungsempfänger können dann Wohngeld beziehen, wenn sie kein Arbeitslosengeld II oder Sozialgeld erhalten, sondern nur Leistungen, die keine Unterkunftskostenkomponente enthalten. Dazu gehören insbesondere:

- Einstiegsgeld nach § 16b SGB II, sofern die Hilfebedürftigkeit durch oder nach Aufnahme der Erwerbstätigkeit entfällt

- Mehrbedarfszuschläge nach § 21 SGB II, also Mehrbedarfe für
  - werdende Mütter nach der 12. Schwangerschaftswoche
  - Alleinerziehende
  - erwerbsfähige Behinderte
  - kostenaufwändigen Ernährung
  - unabweisbaren, laufenden besonderen Bedarf
  - dezentrale Warmwassererzeugung

- Zuschuss zur Versicherungspflicht zur Aufstockung ansonsten bedarfsdeckender Einkünfte nach § 26 Abs. 2 und Abs. 3 SGB II

- Einmalige Leistungen nach § 28 Abs. 2 SGB II (Hilfe bei Klassenfahrten, Schulausflügen)

§ 7 Abs. 1 Satz 1 Nr. 2 WoGG
Zuschüsse für Auszubildende (§ 27 Abs. 3 SGB II)
Nach § 27 Abs. 3 SGB II können Auszubildende, die Berufsausbildungsbeihilfe oder Ausbildungsgeld nach SGB III oder Leistungen nach BAföG beziehen, zusätzlich Zuschüsse für Unterkünfte erhalten. Nach § 27 Abs. 1 Satz 2 SGB II gelten diese Leistungen zur Deckung des ungedeckten Bedarfs bei Unterkunftskosten nicht als Leistungen des Arbeitslosengeldes II – wäre dies so, würde dies bereits zum Ausschluss nach § 7 Abs. 1 Nr. 1 WoGG führen.

Wichtig: Generell nicht zuschussberechtigt sind Auszubildende, die nicht bei ihren Eltern wohnen bzw., sofern diese Personen das 25. Lebensjahr noch nicht vollendet haben und ohne Zusicherung der KdU-Übernahme umgezogen sind (siehe § 13 Abs. 2 Nr. 2 BAföG und § 27 Abs. 3 Satz 2 i. V. m. § 22 Abs. 5 SGB II).

Zur Anspruchskonkurrenz von Ausbildungshilfen und Wohngeld mit der Konsequenz, dass Auszubildende keinen Wohngeldanspruch haben, siehe die Ausführungen auf Seite 57 ff.

2 *§ 7 Abs. 1 Satz 1 Nr. 3 und Nr. 4 WoGG*
Übergangsgeld und Verletztengeld in Höhe des Betrages des Arbeitslosengeldes II

Erwerbsfähige Hilfebedürftigen, die bereits Arbeitslosengeld II erhalten und die durch eine Erkrankung arbeitsunfähig werden, können – sofern die Voraussetzungen nach § 21 Abs. 4 SGB VI vorliegen – Übergangsgeld bei medizinischen Reha-Leistungen der gesetzlichen Rentenversicherung erhalten.

Tritt während des Bezugs von Arbeitslosengeld II ein Versicherungsfall der gesetzlichen Unfallversicherung ein, so können Versicherte nach § 47 Abs. 2 SGB VII Verletztengeld in Höhe des Betrages des Arbeitslosengeldes II erhalten.

In beiden Fällen wird das Arbeitslosengeld II als Vorschuss vom SGB II-Leistungsträger gezahlt (§ 25 SGB II). Über Erstattungsregelungen wird dieser Vorschuss dann mit dem Rentenversicherungsträger bzw. dem Unfallversicherungsträger verrechnet.

Eine eigenständige Berechnung des Übergangsgeldes bzw. des Verletztengeldes, das in Höhe des Betrages des Arbeitslosengeldes II zu gewähren ist, erfolgt in der Regel nicht. Es wird als Vorschusszahlung (meist) der Betrag aus dem ursprünglichen Arbeitslosengeld II-Bescheid übernommen.

Wichtig: Nur wenn bei der Berechnung des zuvor gewährten Arbeitslosengeldes II die Kosten der Unterkunft berücksichtigt wurden, führt das zu einem Ausschluss von Wohngeld. Dies stellt § 7 Abs. 1 Satz 2 WoGG noch einmal ausdrücklich klar.

§ 7 Abs. 1 Satz 1 Nr. 5 WoGG
Grundsicherung im Alter und bei dauerhafter Erwerbsminderung nach SGB XII

Angemessene Kosten der Unterkunft und Heizung (KdU) sind im Umfang der Leistung nach § 42 SGB XII enthalten. Nach § 42 Nr. 4 SGB XII umfassen die Leistungen auch die KdU-Aufwendungen nach dem Vierten Abschnitt des Dritten Kapitels SGB XII (§§ 35 ff. SGB XII).

Bei Leistungen in stationären Einrichtungen sind als Kosten für Unterkunft und Heizung Beträge in Höhe der durchschnittlichen angemessenen tatsächlichen Aufwendungen für die Warmmiete eines Ein-Personen-Haushalts im Bereich des nach § 98 SGB XII zuständigen Trägers zu Grunde zu legen.

2

Auch der Partner des Empfängers ist vom Bezug des Wohngelds ausgeschlossen, sofern er bei der Ermittlung der Leistung nach § 43 Abs. 1 SGB XII berücksichtigt worden ist (§ 1 Abs. 2 Satz 2 WoGG i. V. m. § 43 Abs. 1 SGB XII).

Im Fall der Grundsicherung im Alter und bei dauerhafter Erwerbsminderung (sog. GruSi) wird ein Partner – anders als bei den anderen Transferleistungen – nicht im Rahmen einer gemeinsamen Bedarfsberechnung berücksichtigt. Ein Partner ändert nicht den Bedarf des Grundsicherungsempfängers, sondern „nur" eventuell die Höhe der zu gewährenden Leistung, da für den Partner isoliert berechnet wird, ob seine Einnahmen den Bedarf übersteigen (§ 19 Abs. 2 SGB XII). Ist dies der Fall, wird der Überschuss beim Grundsicherungsempfänger als Einnahme berücksichtigt. Durch die Erhöhung der Einnahmen verringert sich der Differenzbetrag zwischen Bedarf und Einnahmen mit der Folge, dass sich ein geringerer Zahlbetrag ergibt.

§ 7 Abs. 1 Satz 1 Nr. 6 WoGG
Empfänger von Leistungen der Hilfe zum Lebensunterhalt nach SGB XII

Auch bei der Hilfe zum Lebensunterhalt (HLU) sind die angemessenen Unterkunftskosten bereits in den Regelleistungen berücksichtigt (§ 27a Abs. 1 Satz 1 SGB XII).

Der notwendige Lebensunterhalt in Einrichtungen umfasst nach § 27b Abs. 1 Satz 1 SGB XII den darin erbrachten, sowie in stationären Einrichtungen zusätzlich den weiteren notwendigen Lebensunterhalt. Dieser Lebensunterhalt entspricht dem Umfang der Leistungen der Grundsicherung im Alter und bei Erwerbsminderung nach § 42 Nr. 1, 2 und 4 SGB XII.

Nach § 27 Abs. 2 SGB XII umfasst der weitere notwendige Lebensunterhalt insbesondere Kleidung und einen angemessenen Barbetrag zur persönlichen Verfügung (Taschengeld).

Ergibt die HLU-Berechnung in diesen Fällen, dass ausschließlich Barbetrag geleistet wird, so führt dies trotzdem zum Ausschluss von

2

Wohngeld. Denn der Barbetrag stellt einen wesentlichen Teil des notwendigen Lebensunterhalts in stationären Einrichtungen dar. Das ergibt sich bereits aus der gesetzlichen Formulierung selbst: § 27b Abs. 2 Satz 1 SGB XII spricht davon, dass der „weitere notwendige Lebensunterhalt" (im Sinne von § 27b Abs. 1 Satz 1 SGB XII) insbesondere Kleidung und einen angemessenen Barbetrag zur persönlichen Verfügung umfasst (VGH Baden-Württemberg, Urteil vom 23. 6. 2009 – Az. 12 S 2854/07, Bay. VGH, Urteil vom 27. 4. 2010 – 12 BV 08.3353, Hessischer VGH, Urteil vom 9. 3. 2015 – Az. 10 A 1084/14).

Der Bezug von HLU verliert bei gleichzeitigem Bezug von Hilfe zur Pflege nach den §§ 61 ff. SGB XII nicht seinen selbstständigen Charakter.

Erhalten Personen dagegen keine HLU-Leistungen und auch keine GruSi-Leistungen, sondern ausschließlich andere Hilfen nach SGB XII, besteht kein Ausschluss vom Wohngeld. § 7 Abs. 1 Nr. 5 und Nr. 6 WoGG erfassen nur Leistungen der Grundsicherung im Alter und bei Erwerbsminderung sowie Hilfe zum Lebensunterhalt nach dem Dritten und Vierten Kapitel SGB XII, nicht aber andere Leistungsarten des SGB XII. Diese Leistungen können dann einen Wohngeldanspruch auslösen. Allerdings werden diese Leistungen über § 11 WoGG in die Wohngeldberechnung einbezogen, so dass eine Wohngeldzahlung – je nach Berechnungsergebnis – trotzdem ausgeschlossen sein kann.

Anwendungsfälle sind etwa:

■ Leistungen der Hilfe zur Überwindung besonderer sozialer Schwierigkeiten nach §§ 67, 68 SGB XII, auch wenn damit die Übernahme von Kosten der Unterkunft verbunden sind (z. B. vollständige Übernahme der Mietzahlungen für einem begrenzten Zeitraum für Untersuchungshäftlinge).

■ Hilfe zur Pflege nach § 61 ff. SGB XII, wenn wegen eigener Einnahmen/Vermögen keine Hilfe zum Lebensunterhalt oder GruSi-Leistungen gezahlt werden.

■ Eingliederungshilfe nach § 53 ff. SGB XII (auch nach § 33 SGB IX), wenn nicht nachgewiesen wird, dass in diesen Eingliederungshilfeleistungen Kosten der Unterkunft inbegriffen sind.

Mitglieder der Bedarfsgemeinschaft sind bei Bezug von Leistungen nach SGB XII ebenfalls vom Wohngeldbezug ausgeschlossen (§ 7 Abs. 2 Nr. 2 WoGG). Dies können sein: Ehepartner, Partner in ehe-

ähnlicher Gemeinschaft und gleichgeschlechtlicher Lebenspartnerschaft sowie minderjährige, unverheiratete Kinder.

Ausschluss von Wohngeld für Heimbewohner?

Bei Bezug von GruSi-Leistungen oder Hilfe zum Lebensunterhalt sind
Heimbewohner (siehe zum Begriff Heim auch vorne, S. 28) vom
Wohngeldbezug ausgeschlossen.

2

Erhält der Bewohner andere ergänzende Leistungen, kann dagegen
ein Wohngeldanspruch gegeben sein. Ausschlaggebend ist auch hier,
ob diese Leistungen Unterkunftskosten beinhalten. Aus dem jeweiligen Bescheid ergeben muss sich ergeben, ob Unterkunftskosten in die
Berechnung eingeflossen sind.

Für Bewohner vollstationärer Pflegeeinrichtungen kann die Gewährung von Wohngeld etwa dann in Betracht kommen, wenn diese
keine Leistungen der Grundsicherung und/oder der Hilfe zum Lebensunterhalt, sondern lediglich Hilfe zur Pflege erhalten. Hilfe zur
Pflege nach § 61 ff. SGB XII ist insbesondere dann zu leisten, wenn der
errechnete Bedarf der Hilfe zur Pflege in Pflegeeinrichtungen die nur
pauschale Bedarfsdeckung durch die Grundsicherung und durch die
Hilfe zum Lebensunterhalt übersteigt.

§ 7 Abs. 1 Satz 1 Nr. 7 WoGG
Empfänger von Leistungen der ergänzenden Hilfe zum
Lebensunterhalt oder anderer Hilfen nach Bundesversorgungsgesetz
(Kriegsopferfürsorge) bzw. von Vorschriften, die das
Bundesversorgungsgesetz (BVG) für anwendbar erklären

Nach § 27a BVG wird ergänzende Hilfe zum Lebensunterhalt gewährt, die auch die Unterkunftskosten umfasst. Bei dieser ergänzenden Hilfe wird auf das Dritte Kapitel des SGB XII verwiesen (§ 27 ff.
SGB XII). Deshalb fällt auch diese ergänzende Hilfe unter die Transferleistungen, bei denen die Unterkunftskosten mit zur Leistung gehören.

Durch den Verweis auf die Regelungen des Dritten Kapitels SGB XII
werden auch zur Bedarfsgemeinschaft gehörende Mitglieder vom
Wohngeld ausgeschlossen.

Empfänger von anderen Hilfen nach oder analog dem BVG, die in
einem Heim, einer Anstalt oder einer gleichartigen Einrichtung leben,
sind ebenfalls vom Wohngeld ausgeschlossen (§ 7 Abs. 1 Satz 1 Nr. 7b
WoGG).

2

Personen, die Hilfe zur Pflege nach § 26c BVG oder Eingliederungshilfe nach § 27d BVG erhalten, bekommen keine ergänzende Hilfe nach § 27a BVG. Dies ergibt sich aus § 25b Abs. 1 Satz 2 BVG, wonach keine gesonderte Leistung für den Lebensunterhalt nach § 27a BVG neben anderen Hilfeleistungen (z. B. Hilfe zur Pflege) gezahlt werden. Leistungen nach SGB XII gelten also in diesen Fällen nicht entsprechend.

Diese Personen erhalten aber durch die Aufnahme in den Katalog des § 7 Abs. 1 WoGG kein Wohngeld, da ihre Unterkunftskosten mit Aufnahme in die Einrichtung und der damit verbundenen Kostenübernahme vollständig abgedeckt sind.

Gesetze, die das BVG für anwendbar erklären sind im Rahmen des sozialen Entschädigungsrechts insbesondere:

- Soldatenversorgungsgesetz (§ 80)
- Zivildienstgesetz (§ 47)
- Häftlingshilfegesetz (§ 4)
- Strafrechtliches Rehabilitierungsgesetz (§ 24)
- Verwaltungsrechtliches Rehabilitierungsgesetz (§ 6)
- Infektionsschutzgesetz (§ 60)
- Opferentschädigungsgesetz (§ 1)

Opfern von Gewalttaten, Impfgeschädigten, Wehr- und Zivildienstgeschädigten sowie Opfern von SED-Unrecht werden mit diesen Vorschriften die Schädigungsfolgen ausgeglichen bzw. Renten und/oder ergänzende Hilfen erbracht.

§ 7 Abs. 1 Satz 1 Nr. 8 WoGG
Empfänger von Leistungen nach dem Asylbewerberleistungsgesetz
Erstaufnahmeeinrichtung
Die Kosten der Unterkunft sind mit der Grundleistung nach § 3 Asylbewerberleistungsgesetz (AsylbLG) vollständig abgedeckt. Der notwendige Bedarf in Erstaufnahmeeinrichtungen, der auch als Sachleistungen erbracht werden kann, umfasst Ernährung, Unterkunft, Heizung, Kleidung, Gesundheitspflege und Gebrauchs- und Verbrauchsgütern des Haushalts (§ 3 Abs. 1 AsylbLG).

Außerhalb von Aufnahmeeinrichtungen
Außerhalb von Aufnahmeeinrichtungen gilt ein Vorrang des Geldleistungsprinzips zur Deckung des notwendigen Bedarfs. Es gilt

grundsätzlich die Definition des notwendigen Bedarfes, wie er oben dargestellt ist. Der Bedarf für Unterkunft, Heizung und Hausrat wird dabei gesondert als Geld- oder Sachleistung erbracht (siehe § 3 Abs. 2 Satz 4 AsylbLG).

Aufenthalt über 15 Monate

2

Leistungsberechtigte, die sich seit 15 Monaten ohne wesentliche Unterbrechung im Bundesgebiet aufhalten und die Dauer des Aufenthalts nicht rechtsmissbräuchlich selbst beeinflusst haben, erhalten Leistungen entsprechend der Sozialhilfe nach dem SGB XII (sog. Analogleistungen). Abzustellen ist bei dieser Frist auf die tatsächliche Aufenthaltsdauer im Bundesgebiet.

Art, Umfang und Höhe der Leistungen richten sich nach den Regelungen zur Sozialhilfe. Weil es sich rechtlich weiter um eine Leistung nach AsylbLG handelt, bleibt aber das Verwaltungsverfahren des AsylbLG anwendbar (§§ 7a bis 13 AsylbLG). Die Berechtigten erhalten alle Leistungen in Höhe der Sozialhilfe nach dem Dritten Kapitel des SGB XII, insbesondere ungekürzte Regelbedarfe in bar, Mehrbedarfszuschläge, Erstausstattungen sowie die Leistungen für Unterkunft und Heizung zur Anmietung einer Wohnung. Im Bedarfsfall erhalten sie zudem „Hilfen in besonderen Lebenslagen" nach SGB XII.

Unabhängig von ihrer Erwerbsfähigkeit haben Leistungsberechtigte nach § 2 AsylbLG keinen Anspruch auf Arbeitslosengeld II (§ 7 Abs. 1 SGB II).

Auch hier gilt: Ehegatten, Lebenspartner oder minderjährige Kinder sind vom Wohngeldbezug ausgeschlossen (§ 7 Abs. 2 Nr. 4 WoGG i. V. m. § 1 Abs. 1 Nr. 6 AsylbLG).

Bei Kindern von Asylbewerbern ist zudem zu beachten: Kinder, die mit mindestens einem Elternteil in Haushaltsgemeinschaft leben, der Leistungen entsprechend dem SGB XII bezieht, erhalten ebenfalls – akzessorisch zu dem Elternteil – Leistungen entsprechend dem SGB XII, auch wenn sie selbst die geforderte Aufenthaltsdauer unterschreiten (insbesondere in Deutschland geborene oder nachgereiste Kinder). Zugleich gilt, dass, wenn das Kind nicht mit einem Elternteil in Haushaltsgemeinschaft lebt, der Leistungen entsprechend dem SGB XII bezieht (z. B. weil der betreffende Elternteil der Ausschlussregelung in § 2 Abs. 1 AsylbLG unterfällt) dies den Anspruch des Minderjährigen auf Gewährung von Leistungen entsprechend dem SGB XII nicht beeinträchtigt. Voraussetzung ist, dass der Minderjäh-

2

rige die hierfür geltenden Leistungsvoraussetzungen (insbesondere die Mindestaufenthaltsdauer) in eigener Person erfüllt.

§ 7 Abs. 1 Satz 1 Nr. 9 WoGG
Empfänger von Leistungen nach dem SGB VIII

Empfänger von Kinder- und Jugendhilfeleistungen sind nur dann vom Wohngeldbezug ausgeschlossen, wenn Haushaltsgemeinschaften in Kinder- und Jugendpflegeeinrichtungen gebildet werden, die ausschließlich (!) aus Empfängern dieser SGB VIII-Leistungen bestehen.

Gemeint sind hier Unterhaltsleistungen im Rahmen von (teil-)stationären Hilfen wie

- sozialpädagogisch begleiteten Wohnformen (§ 13 Abs. 3 SGB VIII)

- gemeinsame Wohnformen für Mütter/Väter und Kinder (§ 19 SGB VIII)

- notwendige Unterbringung des Kindes oder Jugendlichen zur Erfüllung der Schulpflicht, etwa Internate (§ 21 SGB VIII)

- Unterbringung in einem Heim oder sonstigen betreuten Wohnform (§ 34 SGB VIII)

Rückausnahme vom Ausschluss von Transferleistungsempfängern

Der Vorrang der Transferleistungen, die eine Unterkunftskomponente enthalten, wird durch § 7 Abs. 1 Satz 3 WoGG (und für Haushaltsmitglieder nach § 7 Abs. 2 Satz 2 WoGG) in zwei Fällen wieder gekappt:

- bei ausschließlich als Darlehen gewährte Transferleistungen (Nr. 1)
- wenn durch Wohngeld die Hilfebedürftigkeit vermieden bzw. beseitigt werden kann (Nr. 2)

§ 7 Abs. 1 Satz 3 Nr. 1 WoGG: Darlehensgewährung

Da für Darlehen eine Rückzahlungsverpflichtung besteht, trägt der Darlehensnehmer seine Unterkunftskosten im Endeffekt selbst. Daher besteht kein Ausschluss vom Wohngeld, wenn die Transferleistungen ausschließlich als Darlehen gewährt werden.

Im SGB II-Bereich können verschiedene Darlehensformen vorliegen:

- Überbrückungsdarlehen nach § 9 Abs. 4 SGB II, wenn ein Vermögenseinsatz nicht (sofort) möglich ist oder die Verwertung eine besondere Härte darstellen würde

- Überbrückungsdarlehen nach § 24 Abs. 4 SGB II, wenn zu erwarten ist, dass in dem Monat, für den die Leistungen erbracht werden, Einnahmen anfallen

- Härtefalldarlehen nach § 27 Abs. 4 Satz 1 SGB II an Schüler und Studenten (Aber Achtung: möglicher Wohngeldausschluss wegen § 20 WoGG, siehe dazu S. 57)

Beispiel:

Berta erhält Arbeitslosengeld II. Sie schließt am 17.8.2015 einen Arbeitsvertrag für eine Vollzeitstelle ab dem 1.9.2015 ab. Die Gehaltzahlung erfolgt immer am Ende des Monats, das Septembergehalt erhält sie somit nicht vor dem 28.9.2015. Das Jobcenter hebt den Bewilligungsbescheid zum 31.8.2015 auf. Damit Berta finanziell über den September kommt, beantragt sie zum 1.9.2015 Wohngeld und gleichzeitig ein Überbrückungsdarlehen zur Bestreitung der laufenden Lebenshaltungskosten.

Aber: Werden Transferleistungen nur zum Teil als Darlehen erbracht, empfängt das Haushaltsmitglied trotz des Darlehensanteils insgesamt eine Transferleistung. Diese führt zu einem Wohngeldausschluss, wenn bei der Ermittlung der Gesamtleistung Kosten der Unterkunft berücksichtigt worden sind – so die Aussage der Verwaltungsvorschrift zum Wohngeldgesetz (WoGVwV 2009 zu § 8, 8.13).

§ 7 Abs. 1 Satz 3 Nr. 2 WoGG: Vermeidung, Beseitigung von Hilfebedürftigkeit

Wohngeld ist nicht ausgeschlossen, wenn dadurch die Hilfebedürftigkeit im Sinne von § 9 SGB II, § 19 Abs. 1 und Abs. 2 SGB XII oder § 27a BVG vermieden oder beseitigt werden kann.

Zusätzlich darf die Transferleistung während der Dauer des Verwaltungsverfahrens zur Feststellung von Grund und Höhe dieser Leistung noch nicht erbracht worden sein. Diese Voraussetzung des § 7 Abs. 1 Satz 3 Nr. 2 Buchstabe a WoGG betrifft Fälle, in den bereits ein Antrag

2

auf eine Transferleistung gestellt wurde, aber noch kein Bescheid ergangen ist. Bei nicht antragsgebundenen Leistungen kann das Verfahren zwar schon begonnen sein, aber auch hier darf noch kein abschließender Bescheid ergangen sein.

Mit dieser Konstruktion verhindert man einen Ausschluss vom Wohngeld, der sonst ab Antragstellung/Beginn der Verfahrenshandlung nach § 8 Abs. 1 Satz 1 bzw. Satz 2 Nr. 1 WoGG bestünde.

Auch bei bereits laufendem Bezug von Transferleistungen, kann parallel der Bezug von Wohngeld möglich sein. § 7 Abs. 1 Satz 3 Nr. 2 Buchstabe b WoGG beschreibt diesen Fall: Der zuständige Leistungsträger erbringt die Leistung als nachrangig verpflichteter Träger. Nachrangig verpflichtet ist ein Leistungsträger, soweit dieser bei rechtzeitiger Erfüllung der Leistungsverpflichtung eines anderen Leistungsträgers selbst nicht zur Leistung verpflichtet gewesen wäre.

Diese etwas komplizierte Gesetzeskonstruktion ermöglicht es dem Transferleistungsempfänger, einen Wohngeldantrag zu stellen, obwohl er bereits eine Transferleistung erhält. Damit soll der Wechsel aus dem Bezug von Transferleistungen in das Wohngeld erleichtert werden um Hilfebedürftigkeit zu vermeiden. Damit dies gelingt, ist übergangsweise ein gleichzeitiger Bezug von Transferleistungen und Wohngeld notwendig, der dann – wenn klar ist, welcher Träger vorrangig zu leisten hat – im Erstattungsweg zwischen den Trägern ausgeglichen wird.

Gäbe es diese Regelung nicht, müsste für einen Wechsel der Bescheid für die Transferleistung zunächst aufgehoben werden oder vom Transferleistungsempfänger ein Verzicht auf die Leistung erklärt werden (§ 8 Abs. 2 WoGG). Hier bestünde die Gefahr einer Leistungsunterbrechung mit der Folge ungesicherter Kosten der Unterkunft. Damit dies verhindert wird, gilt die Regel: Bei zweifelhaften Fällen, bleibt es bei der Transferleistung, bis eindeutig berechnet bzw. geklärt ist, dass Wohngeld – ggfs. mit Kinderzuschlag nach § 6a BKGG – tatsächlich die Hilfebedürftigkeit beseitigt.

Wichtig: Bei Asylbewerberleistungen und bei Leistungen der Kinder- und Jugendhilfe ist dieser erleichterte Wechsel nicht vorgesehen. § 7 Abs. 1 Satz 3 Nr. 2 WoGG bezieht sich nur auf die Transferleistungen nach § 7 Abs. 1 Satz 1 Nr. 1–7 WoGG.

Pflichtwechsel zum Wohngeld (§ 12a SGB II)

Nach § 12a Abs. 1 Satz 1 SGB II sind „Leistungsberechtigte verpflichtet, Sozialleistungen anderer Träger in Anspruch zu nehmen und die dafür erforderlichen Anträge zu stellen, sofern dies zur Vermeidung, Beseitigung, Verkürzung oder Verminderung der Hilfebedürftigkeit erforderlich ist."

Hinsichtlich von Wohngeld gilt dies aber nur, wenn dadurch die Hilfebedürftigkeit aller Mitglieder der Bedarfsgemeinschaft dauerhaft beseitigt wird.

Ist dies der Fall, dann erfolgt regelmäßig ein Aufforderungsschreiben an den Leistungsempfänger, Wohngeld zu beantragen. Kommt dieser der Aufforderung nicht nach, darf der Grundleistungsträger selbst einen Antrag stellen (§ 5 Abs. 3 SGB II).

Es ist daher eine zweistufige Prüfung des SGB II-Trägers vorzunehmen, die in den Fachlichen Hinweisen der Bundesagentur für Arbeit zu § 12a wie folgt beschrieben ist:

- Bei der Beurteilung, ob ein Wohngeldanspruch vorrangig ist, ist zunächst zu prüfen, ob der gesamte Bedarf einer Bedarfsgemeinschaft mit Wohngeld (ggf. einschließlich Kinderzuschlag nach § 6a BKGG) gedeckt wäre.

Einzelne Mitglieder der Bedarfsgemeinschaft dürfen nicht auf die Inanspruchnahme von Wohngeld verpflichtet werden. Dies gilt insbesondere für Kinder (sog. Kinderwohngeld).

Möglich ist aber, dass Leistungsberechtigte für einzelne Mitglieder freiwillig Wohngeld beantragen (siehe dazu unten).

- Kann der gesamte Bedarf der Bedarfsgemeinschaft gedeckt werden, ist weiter zu prüfen, ob mit Wohngeld die Hilfebedürftigkeit der gesamten Bedarfsgemeinschaft für einen Zeitraum von mindestens drei Monaten beseitigt würde (Prognose der Grundsicherungsstelle).

Liegen diese Voraussetzungen nicht vor, ist eine Aufforderung, Wohngeld zu beantragen, bzw. eine eigene Antragstellung durch die SGB II-Träger nicht zulässig.

Wird ein vorrangiger Wohngeldanspruch nach der oben dargestellten Prüfung festgestellt und liegt noch kein Leistungsbezug vor, so ist der Antrag auf Leistungen nach dem SGB II abzulehnen und auf die Beantragung von Wohngeld hinzuweisen.

2

Liegt bereits ein Leistungsbezug vor und kann durch Wohngeld die Hilfebedürftigkeit beseitigt werden, ist Arbeitslosengeld II/Sozialgeld weiter zu leisten, bis der Wohngeldantrag abschließend bearbeitet ist und Wohngeld geleistet wird. Von dem Monat an, für den ein Wohngeldantrag gestellt wird (§ 25 Abs. 2 Satz 1 WoGG), hat der SGB II-Träger einen Erstattungsanspruch nach § 104 SGB X gegenüber dem Wohngeldträger. Er muss sich wegen seiner Kosten also an den Wohngeldträger halten, nicht an den Leistungsempfänger.

Freiwilliger Wechsel, freiwillige Beantragung von Wohngeld

Um eine Schlechterstellung zu vermeiden, wenn der Wohngeldanspruch für einzelne Mitglieder der Bedarfsgemeinschaft höher wäre als der Anspruch auf Leistungen nach dem SGB II, darf der Leistungsberechtigte freiwillig Wohngeld für diese Mitglieder beantragen.

In der Praxis ist diese Beantragung meist an die gleichzeitige Beantragung des Kinderzuschlags gekoppelt. Auch möglich ist, eine vom Arbeitslosengeld II abgekoppelte Gewährung für Mehrbedarfe nach § 21 SGB II zu leisten (z. B. Alleinerziehendenzuschlag).

Wichtig: Zu den Folgen des freiwilligen Wohngeldantrages hat der SGB II-Träger (Jobcenter) umfassend zu beraten (siehe Fachliche Hinweise der Bundesagentur für Arbeit zu § 12a, dort 12a.6b). Dazu gehört auch eine Vergleichsberechnung, damit der Hilfebedürftige sehen kann, wie er sich in den jeweiligen Sozialleistungssystemen „stellt".

Auswirkungen kann der Wechsel in das Wohngeld insbesondere auf den (Kranken)-Versicherungsschutz haben. Durch den Bezug von Wohngeld ggfs. mit Kinderzuschlag entfällt die Versicherungspflicht bzw. die Zahlung der Versicherungsbeträge durch den Grundleistungsträger. Diese Aufwendungen müssen dann vom Leistungsempfänger selbst getragen werden.

Sollte sich herausstellen, dass alleine durch diese Aufwendungen wieder Hilfebedürftigkeit entstehen würde, kann auch auf Antrag ein Zuschuss zu den Kosten der Kranken- und Pflegeversicherung vom SGB II-Träger geleistet werden (§ 26 Abs. 3 SGB II). Da dieser Zuschuss kein Bestandteil der Leistungen zur Sicherung des Lebensunterhalts ist und auch nichts mit Unterkunftskosten zu tun hat, schließt dieser einen Anspruch auf Wohngeld und ggfs. auf einen Kinderzuschlag nicht aus. Auch darüber hat der SGB II-Träger zu informieren.

Achtung: Zum 1. Januar 2016 entfällt die Möglichkeit der Familienversicherung für Empfänger von Arbeitslosengeld II (Änderung des § 5 Abs. 1 Nr. 2a SGB V durch das GKV-Finanzstruktur- und Qualitätsentwicklungsgesetz). Für Jeden besteht dann eine eigenständige Versicherungspflicht. Dies kann Auswirkungen auf die Aufwendungen für die Krankenversicherungskosten haben.

2

Beginn und Dauer des Ausschlusses bei der Konkurrenz von Transferleistung und Wohngeld

Der Ausschluss von der Bezugsmöglichkeit von Wohngeld gilt vom Ersten des Monats an, in dem die Transferleistung beantragt wurde bzw. in Fällen, in denen die Transferleistung nicht vom Ersten eines Monats an beantragt wurde (anteilige monatliche Leistung) vom Ersten des nächsten Monats an (§ 8 Abs. 1 Nr. 1 WoGG).

Diese Regelung gewährleistet, dass in Fällen, in denen ein Antrag gestellt wird, bevor der Anspruch dem Grunde nach überhaupt entstanden ist, kein Finanzierungsloch bei den Unterkunftskosten entsteht. Es kommt also nicht erst auf den Empfang einer Transferleistung an, sondern auf den Beginn des darauf gerichteten Verwaltungsverfahrens.

Der Leistungsausschluss besteht dann bis zum Abschluss des Verwaltungsverfahrens zur Feststellung des Grundes und der Höhe der Transferleistung. Abschlossen ist das Verwaltungsverfahren mit Erlass eines Abhilfe- oder Widerspruchsbescheids (ständige Rspr. d. BVerwG, z. B. Urteil vom 12.8.2014 – Az. 1 C 2.14).

Wird eine Transferleistung vorfristig beantragt, ist sie erst ab dem Zeitpunkt vom Wohngeld ausgeschlossen, ab dem ein Anspruch auf diese Leistung dem Grunde nach besteht. In der Verwaltungsvorschrift zum Wohngeldgesetz findet sich dazu folgendes Beispiel (siehe WoGVwV zu § 8, 8.11):

Beispiel:

Endet der Anspruch eines Haushaltsmitgliedes auf Arbeitslosengeld I am 31. März und stellt es den Antrag auf Arbeitslosengeld II bereits am 28. Februar, besteht der Anspruch auf Arbeitslosengeld II dem Grunde nach erst vom 1. April an. Erst ab diesem Zeitpunkt ist das Haushaltsmitglied vom Wohngeld ausgeschlossen.

2

Rückwirkende Beseitigung des Ausschlusses bei Nichtbewilligung der Transferleistung

Führt das Verwaltungsverfahren nicht zur Bewilligung der Transferleistung, so wird der während des Verfahrens geltende Wohngeldausschluss rückwirkend wieder beseitigt.

Nach den Ziffern 1 bis 3 von § 8 Abs. 1 Satz WoGG sind damit die Rücknahme, Ablehnung, Versagung oder Entziehung des Transferleistungsantrags bzw. deren Gewährung als Darlehen gemeint.

Wohngeldreform 2016
Zum 1. Januar 2016 neu eingefügt werden in § 8 Abs. 1 Satz WoGG zwei neue Fallvarianten in Form von Nummer 4 und Nummer 5, die in der Gesetzesbegründung (18/4897, S. 82 f.) wie folgt erläutert werden:

Zu Nummer 4: Der Ausschluss gilt als nicht erfolgt, wenn der Anspruch auf eine Transferleistung nachträglich im Sinne des § 103 Abs. 1 SGB X ganz entfallen ist oder nach § 104 Abs. 1 oder 2 SGB X oder nach § 40a SGB II nachrangig ist .

Erbringt ein Sozialleistungsträger eine der in § 7 Absatz 1 genannten Leistungen und fällt diese Leistungspflicht nachträglich weg oder war nachrangig, so erfolgt die Erstattung dieser Leistung nach § 103 Absatz 1 oder § SGB X gegebenenfalls in Verbindung mit § 40a SGB II in der Regel ohne Aufhebung des an die leistungsberechtige Person gerichteten Transferleistungsbescheides.

Das Weiterbestehen des Transferleistungsbescheides darf aber dann nicht zum Ausschluss vom Wohngeld führen, wenn die zu erstattende andere Leistung diese Transferleistung vollständig ersetzt und nicht selbst eine Leistung im Sinne des § 7 Abs. 1 WoGG ist. Nach § 107 SGB X gilt der Anspruch der leistungsberechtigten Person auf die zu erstattende andere, zum Beispiel später bewilligte Leistung im Verhältnis zum bewilligenden Leistungsträger in diesem Fall als erfüllt. Die leistungsberechtigte Person muss daher im Ergebnis auch so behandelt werden, als hätte sie eine Leistung erhalten, die nicht nach § 7 Abs. 1 WoGG zum Wohngeldausschluss führt.

2

Dieser Sachverhalt liegt im Wesentlichen in folgenden Fällen vor:

- wenn ein SGB II-Träger Arbeitslosengeld II erbracht hat und seine Leistungspflicht wegen der rückwirkenden Bewilligung von Kinderzuschlag nach § 6a BKGG nachrangig wird,
- wenn die Erbringung von Arbeitslosengeld II allein auf Grund einer nachträglich festgestellten vollen Erwerbsminderung (§ 43 Absatz 2 Satz 2 SGB VI) rechtswidrig war,
- wenn für einen Zeitraum, für den Arbeitslosengeld II erbracht worden ist, rückwirkend eine Rente wegen Alters zuerkannt wird.

Dieser Sachverhalt liegt zum Beispiel auch vor, wenn die Agentur für Arbeit im Rahmen der Feststellung von Erwerbsfähigkeit entschieden hat, dass ein Anspruch auf Leistungen der Grundsicherung für Arbeitsuchende nicht besteht und der deshalb zuständige Träger (z. B. der Sozialhilfeträger oder der Rentenversicherungsträger) Widerspruch eingelegt hat (siehe dazu § 103 SGB X i.V.m. § 44a Abs. 1 und 3 SGB II).

Zu Nummer 5: Der Ausschluss gilt als nicht erfolgt, wenn dieser nachträglich durch den Übergang eines Anspruchs in vollem Umfang erstattet wird.

Diese weitere Fallvariante betrifft Fälle, in denen etwa nach § 33 SGB II oder §§ 93, 94 SGB XII eine Erstattung aufgrund einer vorrangigen zivilrechtlichen Verpflichtung erfolgt.

Das Weiterbestehen des Transferleistungsbescheides darf in diesen Fällen nicht zum Ausschluss vom Wohngeld führen, wenn die zu erstattende andere Leistung diese Transferleistung vollständig ersetzt und nicht selbst eine Leistung im Sinne des § 7 Abs. 1 WoGG ist. Die leistungsberechtigte Person muss daher im Ergebnis auch so behandelt werden, als hätte sie eine Leistung erhalten, die nicht nach § 7 Abs. 1 WoGG zum Wohngeldausschluss führt.

Dieser Sachverhalt liegt im Wesentlichen bei unterhaltsrechtlichen Erstattungsansprüchen vor. Grundsätzlich kann jeder (privat- oder öffentlich-rechtliche) Anspruch der oder des Hilfebedürftigen übergeleitet werden. Dies sind beispielsweise:

- Ansprüche aus der privaten Kranken- und Pflegeversicherung
- Ansprüche auf Steuererstattung

2

- Ansprüche aus ungerechtfertigter Bereicherung (§ 812 ff. BGB)
- Pflichtteilsansprüche gegen Erben (§ 2303 ff. BGB)
- Rückforderungsansprüche aus Schenkungen (§ 528 Abs. 1 BGB)
- Ansprüche aus einem Übergabe- oder Altenteilsvertrag
- Ansprüche aus einer betrieblichen Altersversorgung
- nicht erfüllte vertraglich gesicherte Leibrentenzahlung (§ 759 bis 761 BGB)

Ausschluss wegen Sanktionen

Der Grundsatz der Trennung der Unterkunftskosten in den sozialen Sicherungssystemen gilt auch dann, wenn diese Transferleistungen im Rahmen von Sanktionierungsmaßnahmen ganz oder zeitweise gekürzt oder gestrichen wurden. Nach § 7 Abs. 3 WoGG ist auch in diesem Fall der Bezug von Wohngeld ausgeschlossen.

Derzeit gibt es nur relevante Sanktionen in den §§ 31, 31a, 31b und 32 SGB II.

Da die Streichung der Unterkunftskosten in den bestehenden Regelungen erst als „letztes Mittel", also bei wiederholten schwereren Pflichtverletzungen angewandt wird, wird es als Gebot der Systemgerechtigkeit angesehen, wenn auch hier kein Wohngeldanspruch besteht. Im anderen Fall würden die Sanktionsmöglichkeiten der Leistungsgesetze konterkariert.

Wichtig: Arbeitslosengeld II bzw. die Unterkunftskosten müssen wegen der Sanktionen eingeschränkt werden bzw. entfallen. Diesbezüglich besteht eine Kausalität. Unschädlich ist es, wenn diese Leistungen im Verlauf des Sanktionszeitraums aus anderen Gründen nicht mehr gezahlt werden, etwa wenn eine Arbeitsaufnahme erfolgt. In diesen Fällen kann mit Ende des Anspruchs auf Arbeitslosengeld II Wohngeld gewährt werden.

Die Verwaltungsvorschrift zum Wohngeldgesetz führt in Ziffer 7.31 aus, wann es sich nicht um eine Sanktion im Sinne des § 7 Abs. 3 WoGG handelt. Danach liegt keine Sanktion vor, wenn

- die Leistung nach § 7 Abs. 4a SGB II wegen Verstoßes gegen die Erreichbarkeits-Anordnung versagt wird,

- nach § 22 Abs. 2a Satz 1 bis 3 SGB II keine Leistungen von Kosten der Unterkunft für Personen unter 25 Jahren nach einem Umzug ohne die notwendige Zusicherung der Leistung durch den kommunalen Träger erbracht werden,

- nach § 22 Abs. 2a Satz 4 SGB II Leistungen von Kosten der Unterkunft für Personen, die das 25. Lebensjahr noch nicht vollendet haben, nicht erbracht werden, weil diese vor der Beantragung von Leistungen in eine Unterkunft in der Absicht umziehen, die Leistungsberechtigung herbeizuführen, oder

- Haushaltsmitgliedern eine Leistung nach § 7 Abs. 1 Satz 1 WoGG wegen fehlender Mitwirkung nach den §§ 60 ff. SGB I vollständig versagt oder entzogen worden ist.

2

Kommt derjenige, der eine SGB-II-Leistungen beantragt oder erhält, seinen Mitwirkungspflichten nach §§ 60 bis 62, 65 SGB I nicht nach und wird hierdurch die Aufklärung des Sachverhalts erheblich erschwert, kann der SGB II-Träger ohne weitere Ermittlungen die Leistung bis zur Nachholung der Mitwirkung ganz oder teilweise versagen oder entziehen, soweit die Voraussetzungen der Leistung nicht nachgewiesen sind nach (§ 66 SGB I). Zuvor muss der Leistungsberechtigte auf diese Folge – mit Fristsetzung zur Nachholung – schriftlich hingewiesen werden.

Ab Zugang dieses Bescheides kann vorsorglich Wohngeld beantragt werden, da nach § 8 Abs. 1 WoGG der Wohngeldausschluss als nicht erfolgt anzusehen ist. Wird dann aufgrund der Nachholung der Mitwirkung Arbeitslosengeld II bewilligt, lebt der Wohngeldausschluss wieder auf.

Kein Anspruch wegen Studium oder Ausbildung

Bei Ausbildung und Studium kann eine Gesetzeskonkurrenz zwischen den ausbildungsrechtlichen Vorschriften und dem Wohngeldgesetz bestehen, mit der Konsequenz, dass der Wohngeldanspruch ausgeschlossen ist (§ 20 Abs. 2 WoGG).

Die Frage, ob Studierende oder Auszubildende einen Anspruch auf Wohngeld haben, sollte anhand dieses „Vierer-Schrittes" genau geprüft werden:

2

■ **Alle Haushaltsmitglieder:**
Entscheidend ist zunächst einmal, ob alle Haushaltsmitglieder die in § 20 Abs. 2 Satz 1 WoGG genannten BAföG-Leistungen bzw. Berufsausbildungsbeihilfe (BAB) oder Ausbildungsgeld erhalten bzw. erhalten könnten.

Ist mindestens ein Haushaltsmitglied nicht leistungsberechtigt, besteht ein Wohngeldanspruch (z. B. Elternteil eines Studierenden, Partner oder Ehegatte des Studierenden, Kind einer Auszubildenden).

■ **Kein Anspruch dem Grunde nach:**
Liegt eine Förderungsfähigkeit der Ausbildung nach den Regeln des BAföG oder des SGB III vor, ist Wohngeld ausgeschlossen (§ 20 Abs. 2 Satz 1 WoGG). Ob die Leistung tatsächlich beantragt wurde, ob der Antrag genehmigt oder nicht genehmigt wurde, ist hier unerheblich.

Nur wenn es sich um eine nicht förderungsfähige Ausbildung handelt oder wenn persönliche Voraussetzungen für eine Förderung nicht erfüllt werden, kann Wohngeld beansprucht werden (z. B. nicht förderungsfähige Ausbildungsstätte, Überschreiten der Altersgrenze, Überschreiten der Förderungshöchstdauer, Fachrichtungswechsel ohne wichtigen oder unabweisbaren Grund, Fälle von Zweitausbildung).

Sofern noch kein abgelehnter Bescheid vorliegt, muss die Wohngeldbehörde prüfen, ob dem Auszubildenden Ausbildungsförderung dem Grunde nach (nicht) zusteht – so die Verwaltungsvorschrift zum Wohngeldgesetz (20.23).

■ **Volldarlehen:**
Wird die Förderleistung ausschließlich als Darlehen gewährt, besteht ein Wohngeldanspruch (§ 20 Abs. 2 Satz 2 WoGG).

■ **Kein Anspruch der Höhe nach:**
Besteht zwar ein Anspruch dem Grunde nach, wird die Förderleistung aber der Höhe nach abgelehnt oder könnte diese wegen der Höhe abgelehnt werden (bei noch nicht erfolgter Beantragung), so besteht nach § 20 Abs. 2 Satz 3 WoGG auch kein Wohngeldanspruch.

Dies gilt unabhängig davon, ob ein Volldarlehen oder ein Zuschuss angestrebt oder beantragt ist.

Nicht im Katalog von § 20 Abs. 2 Satz 1 WoGG enthalten sind Leistungen nach §§ 79 bis 83 SGB III. Die Förderung nach diesen Vorschriften schließt den Wohngeldanspruch damit nicht aus; gemeint sind damit: ausbildungsbegleitende Hilfen für Behinderte, berufliche Weiterbildung von Arbeitnehmern Das muss auch dann gelten, wenn die berufliche Weiterbildung an Ausbildungsstätten im Sinne des § 2 BAföG oder im Rahmen von Fernunterricht im Sinne des § 3 BAföG durchgeführt wird.

Auch die Aufstiegsfortbildung nach dem Aufstiegsfortbildungsförderungsgesetz (AFBG) ist in § 20 Abs. 2 Satz 1 WoGG nicht erwähnt. Damit kommt auch beim sogenannten Meister-BAföG ein Wohngeldanspruch in Frage. Handelt es sich um den Besuch einer Fachschule oder Fachakademie, die eine abgeschlossene Berufsausbildung voraussetzt, so besteht eine Wahlmöglichkeit zwischen Leistungen nach dem AFBG und dem BAföG. Erhält der Schüler in diesem Fall AFBG-Leistungen, ist das Wohngeld trotzdem ausgeschlossen, da dem „Grunde nach" auch BAföG-Leistungen möglich wären.

Wichtig: Auch ausländische Studierende und Auszubildende können Wohngeld beantragen, wenn sie nicht die Voraussetzungen des § 8 BAföG oder des § 63 SGB III erfüllen. Allerdings müssen sie dann für den Wohngeldanspruch die Voraussetzungen von § 3 Abs. 5 WoGG erfüllen (siehe S. 30). Auch hier gilt: die Beantragung von Wohngeld kann aufenthaltsrechtliche Konsequenzen haben. Daher sollte vor Beantragung von Wohngeld mit der Ausländerbehörde Rücksprache gehalten werden.

Wohngeldreform 2016
Zum 1. Januar 2016 wurden in den Katalog der ausschließenden Förderleistungen auch Leistungen zur Sicherung des Lebensunterhaltes während des ausbildungsbegleitenden Praktikums oder der betrieblichen Berufsausbildung bei Teilnahme am Sonderprogramm „Förderung der beruflichen Mobilität von ausbildungsinteressierten Jugendlichen und arbeitslosen jungen Fachkräften aus Europa" (MobiPro-EU) eingefügt.

Kein Anspruch wegen Bezugs von Unterhaltssicherungsleistungen

2

Regelungen des Unterhaltssicherungsgesetzes (USG) gehen den wohngeldrechtlichen Vorschriften vor. Freiwillig Wehrdienstleistende haben deshalb keinen Anspruch auf Wohngeld, wenn sie Leistungen nach § 13 USG (Erstattung von Aufwendungen für Wohnraum) oder 17 Abs. 1 USG (Allgemeine Leistungen für Angehörige im gemeinsamen Haushalt) erhalten (§ 20 Abs. 1 WoGG, Gesetzeskonkurrenz).

Der freiwillig Wehrdienst Leistende hat mit einem Anspruch nach § 13 USG für die Dauer des freiwilligen Wehrdienstes keinen Wohngeldanspruch. Dies gilt auch für die zum wohngeldrechtlichen Haushalt zählenden Haushaltsmitglieder, für die der freiwillige Wehrdienst Leistende einen Anspruch nach § 17 Abs. 1 i.V.m. § 2 Abs. 3 USG haben. Gemeint sind hier Leistungen für Angehörige, da freiwillig Wehrdienst Leistende für den Ehegatten, Lebenspartner oder für die Kindesmutter 80 Prozent und für jedes Kind 20 Prozent des Wehrsolds und des Wehrdienstzuschlags erhalten. Voraussetzung für diese USG-Leistung ist, dass sie in einem gemeinsamen Haushalt leben.

Ein Wohngeldanspruch besteht demgegenüber aber für Haushaltsmitglieder, die keinen Anspruch auf diese oben genannten Leistungen haben, also um Personen,

- die mit dem freiwilligen Wehrdienst Leistenden zwar zusammen wohnen, aber mit ihm nicht verheiratet sind oder keine Lebenspartnerschaft besteht und sie keine gemeinsamen Kinder haben (Lebensgefährtin oder Lebensgefährte ohne gemeinsame Kinder),

- die mit dem freiwilligen Wehrdienst Leistenden zweiten oder dritten Grades in der Seitenlinie verwandt oder verschwägert sind (z. B. Geschwister, Onkel, Tante, Nichte und Neffe).

Sind diese Personen auch nicht Mietvertragspartei, so sind sie nicht wohngeldberechtigt.

Damit der freiwillig Wehrdienst Leistende als Mietvertragspartei für diese Haushaltsmitglieder Wohngeld beanspruchen kann, gilt § 3 Abs. 4 WoGG entsprechend. Durch die entsprechende Anwendung von § 11 Abs. 3 WoGG wird zudem nur der Anteil der Miete oder Belastung berücksichtigt, der dem Anteil des Haushaltsmitglieds, für das kein Anspruch nach § 17 Abs. 1 USG besteht, an der Gesamtzahl der Haushaltsmitglieder entspricht.

Ist dem freiwillig Wehrdienstleistenden vor Beginn des Dienstes Wohngeld bewilligt worden, so ist das Wohngeld bis zum Ablauf des Bewilligungszeitraums in gleicher Höhe weiter zu leisten. Allerdings wird dieses Wohngeld dann auf die Leistungen des Unterhaltssicherungsgesetzes angerechnet (§ 13 Abs. 4 USG).

2

Achtung: Das Unterhaltssicherungsgesetz wurde mit Wirkung ab 1. November 2015 als neue Erstfassung völlig umgestaltet. Bis zum 31. Oktober 2015 wurde Mietbeihilfe nach § 7a USG (Fassung bis 31. 10. 2015) geleistet, die ebenfalls den Bezug von Wohngeld ausschloss. Für Anträge auf Gewährung von Leistungen von freiwillig Wehrdienstleistenden, die ihren Dienst vor dem 1. November 2015 begonnen haben, wird das USG in der bis zum 31. Oktober 2015 geltenden Fassung weiter angewendet (§ 31 Abs. 1 USG). Siehe dazu auch die Ausführungen zur Übergangsvorschrift in § 42a Abs. 3 WoGG auf Seite 23.

3 Berechnung des Wohngeldes

3

Komponenten der Berechnung

Wohngeld wird immer nur als Zuschuss zur Miete oder zur Belastung bei einem Eigenheim geleistet. Eine vollständige Übernahme der Kosten erfolgt nicht, ein Teil der Aufwendungen muss in jedem Fall vom bzw. von den Anspruchsberechtigten selbst getragen werden.

3

Wichtig Dieser Grundsatz, dass Wohngeld nur als Zuschuss bei einkommensschwachen Haushalten gezahlt wird, manifestiert sich in § 21 WoGG. Beträgt das Wohngeld monatlich weniger als 10 Euro, so wird es nicht ausgezahlt (Nr. 1), weil davon auszugehen ist, dass die Nichtauszahlung dieser geringen Summe vom Antragsteller aufgrund seiner Einkünfte verkraftet werden können. Auch wenn erhebliches Vermögen vorliegt, wird das Wohngeld nicht ausgezahlt (Nr. 3). Der Verwaltungsvorschrift zum Wohngeldgesetz ist zu entnehmen, dass die Wohngeldstellen hier von einem Betrag in Höhe von 60.000 Euro für das erste zu berücksichtigende Haushaltsmitglied und 30.000 Euro für jedes weitere zu berücksichtigende Haushaltsmitglied ausgehen (WoGVwV 2009 zu § 21).

Nach Feststellung, wer wohngeldberechtigt ist und wie hoch die Anzahl der berücksichtigten Haushaltsmitglieder ist, kann das Wohngeld wie folgt berechnet werden:

- Berechnung des anrechenbaren monatlichen Einkommens,
- Berechnung der Miete bzw. Belastung,
- Ansetzung des Höchstbetrages der für die Wohngeldberechnung relevanten Miete bzw. Belastung,
- Vergleich der realen Miete bzw. Belastung und des relevanten Höchstbetrages.

Aus diesen Komponenten wurde zur Berechnung der Höhe des Wohngeldes bzw. des Lastenzuschusses nachfolgende Formel für einen Haushalt mit bis zu zwölf Familienmitgliedern entwickelt (§ 19 WoGG):

$$1,15 \times (M - (a + b \times M + c \times Y) \times Y) \text{ Euro}$$

„M" ist die tatsächliche zu berücksichtigende monatliche Miete oder Belastung (siehe dazu auch Anlage 2 des WoGG)

„Y" ist das monatliche Einkommen (siehe dazu auch Anlage 2 des WoGG)

„a", „b" und „c" sind Werte, die sich aus der Haushaltsgröße ergeben (siehe dazu auch Anlage 1 des WoGG).

Wohngeldreform 2016
Neben der Erhöhung von 1,08 auf 1,15 wurde die bisherige Rundung bei Miete und Einkommen gestrichen. Dies hat zur Konsequenz, dass die bisher im Anhang der Verwaltungsvorschriften zum Wohngeldgesetz zur Verfügung stehenden Wohngeldtabellen nicht mehr den exakten Wohngeldbetrag abbilden werden können. Der Gesetzgeber plant aber, auch in der aktualisierten Verwaltungsvorschrift, die bis Mitte 2016 zu erwarten ist, Wohngeldtabellen in den Anlagen anzufügen. Diese können dann noch der Orientierung dienen, geben aber nicht mehr den exakten Betrag wieder.

3

Für Haushalte mit über zwölf Familienangehörigen erhöht sich der nach der Wohngeldformel berechnete monatliche Miet- oder Lastenzuschuss um jeweils 47 Euro (ab 1. 1. 2016, davor waren es 43 Euro) für das dreizehnte und jedes weitere zum Haushalt rechnende Familienmitglied, höchstens jedoch bis zur Höhe der berücksichtigungsfähigen Miete oder Belastung.

Miete

Miete ist das vereinbarte Entgelt für die Gebrauchsüberlassung von Wohnraum aufgrund von Mietverträgen oder ähnlichen Nutzungsvereinbarungen einschließlich Umlagen, Zuschlägen und Vergütungen. (§ 9 WoGG).

Wird in einem Mehrfamilienhaus oder einem Geschäftshaus eine Wohnung vom Eigentümer selbst genutzt, so ist anstelle der Miete der entsprechende Mietwert für vergleichbaren Wohnraum zugrunde zu legen (§ 9 Abs. 3 WoGG).

Bei einem Heimplatz ist als Miete der zuschussfähige Höchstbetrag zugrunde zu legen.

Zur Miete gehören insbesondere auf folgende Betriebskosten:

- Steuern und öffentliche Lasten des Grundstücks (Grundsteuer)
- Kosten des Wasserverbrauchs (Wasser- und Kanalgebühren),
- Kosten der Abwasser-, Abfall- und Müllbeseitigung,
- Kosten der Außenbeleuchtung,
- Kosten für einen Aufzug,

- Kosten für eine Gemeinschafts-Antennenanlage, Breitbandanschlüsse

- Hausmeisterkosten, Kosten der Gebäudereinigung, Kosten der Gartenpflege

- Kosten für die Wartung der Heizung und die Gebühren für den Schornsteinfeger,

3

- Umlagen der Gebäude-, Sach- und Haftpflichtversicherungen.

Dies gilt auch, wenn diese Kosten nicht an den Vermieter, sondern direkt an Dritte, etwa an die Kommune, bezahlt werden.

Nicht zur Miete dagegen gehören nach § 9 Abs. 2 WoGG:

- Warmwasserkosten,

- Heizungskosten,

- Gas- und Stromkosten, also Kosten der Haushaltsenergie, sofern diese nicht schon in den Kosten für Heizung und Warmwasser berücksichtigt sind,

- Kosten für die Überlassung einer Garage oder eines Stellplatzes.

Wohngeldreform 2016
Mit der Wohngeldreform klargestellt wird, dass jegliche Art von Heizkosten sowie Kosten für die Erwärmung von Wasser bei der Ermittlung außer Betracht bleiben; bislang lautete die Formulierung nur „Betriebskosten für zentrale Heizungs- und Warmwasserversorgungsanlagen sowie zentrale Brennstoffversorgungsanlagen".

Aus Verwaltungsvereinfachungsgründen nicht mehr im Katalog von § 9 Abs. 2 WoGG enthalten sind Untermietzuschläge, Zuschläge für die Nutzung von Wohnraum zu anderen als Wohnzwecken sowie die Vergütungen für die Überlassung von Möbeln.

Die Kosten für die Überlassung einer Garage oder sonstiger Abstellmöglichkeiten für ein Kfz wurden als Nummer 4 neu eingefügt. Dies geschieht ebenfalls aus Verwaltungsvereinfachungsgründen. In der Gesetzesbegründung wird aber hervorgehoben, dass in Großstädten der geldwerte Vorteil für quasi kostenlos mitvermietete Garagen erheblich sein kann.

Die Einzelheiten der abzugsfähigen Kosten ergeben sich aus § 6 WoGV unter Bezugnahme auf § 2 der Betriebskostenverordnung. Sind die oben genannten Beträge nicht aus dem Mietvertrag oder entsprechenden Unterlagen ersichtlich, sind Pauschalbeträge abzusetzen, die ebenfalls in § 6 WoGV näher ausgeführt sind.

Belastung

Unter Belastung bei Eigentümern von Eigenheimen, Eigentumswohnungen und anderen Eigentumsformen versteht man die Aufwendungen für die Rückzahlung von aufgenommenem Kapital und für die Bewirtschaftung des Eigentums in vereinbarter oder festgesetzter Höhe. Sie ist in einer besonderen Wohngeld-Lastenberechnung zu ermitteln (§ 10 WoGG).

Zur Belastung gehören

- Ausgaben für Zinsen, Tilgung usw. sowie für solche Finanzierungen, die dem Bau, der Verbesserung oder dem Erwerb des Eigentums gedient haben

- Instandhaltungskosten, Betriebs- und Verwaltungskosten, soweit sie zur Bewirtschaftung notwendig sind

- Steuern, Abgaben und Versicherungen, soweit sie gesetzlich verpflichtend sind

Zu berücksichtigende Miete bzw. Belastung

Die zu berücksichtigende Miete oder Belastung ist als Summe aus der Miete oder Belastung nach § 11 Abs. 1 Satz 1 Nr. 1 WoGG in Verbindung mit den §§ 2 bis 15 WoGV und dem Betrag für Heizkosten nach § 12 Abs. 6 WoGG zu ermitteln.

Bei Heimbewohnern wird die Summe aus dem Höchstbetrag nach § 12 Abs. 1 WoGG und Betrag für Heizkosten nach § 12 Abs. 6 WoGG berücksichtigt.

Mietzahlungen oder Belastungen, die aus nachstehenden Gründen gezahlt werden, sind nicht zuschussfähig und bleiben daher außer Betracht. Aus dem Katalog von § 11 Abs. 2 WoGG sind insbesondere praxisrelevant:

- Miete, die auf Wohnraum entfällt, der ausschließlich gewerblich oder beruflich benutzt wird (z. B. Nutzung eines Raumes der Wohnung als Büro für eine selbstständige/freiberufliche Tätigkeit)

- Miete, die auf Wohnraum entfällt, der einem anderen entgeltlich überlassen wird (z. B. bei Untervermietung). Dies gilt auch dann, wenn die Wohnung oder einzelne Räumlichkeiten unentgeltlich überlassen werden, aber kein gemeinsames Wohnen (Einstehens- und Verantwortungsgemeinschaft) vorliegt. Übersteigt das Entgelt für die Gebrauchsüberlassung die auf diesen Wohnraum entfallende anteilige Miete oder Belastung, so wird das Entgelt in voller Höhe abgesetzt

- Leistungen Dritter zur Bezahlung der Miete oder zur Aufbringung der Belastung. Dies können sein: Leistungen zur Wohnkostenentlastung nach dem Wohnraumförderungsgesetz, sonstige Zuschüsse im Rahmen des sozialen Wohnungsbaus oder auch Eigenheimzulagen

Kommen mehrere dieser Sachverhalte innerhalb einer Wohnung vor, so ist die Absetzung der Beträge in der Reihenfolge der oben dargestellten Aufzählung vorzunehmen.

Anteilige Berücksichtigung bei Mischhaushalten

§ 11 Abs. 3 WoGG regelt die anteilige Berücksichtigung von Miete bzw. Belastung, wenn im Haushalt sowohl wohngeldberechtigte als auch aufgrund von Transferleistungen vom Wohngeld ausgeschlossene Haushaltsmitglieder wohnen.

Hier wird nur der Anteil an der Miete bzw. der Belastung berücksichtigt, der nach Köpfen dem Anteil der wohngeldberechtigten Haushaltsmitglieder an der Gesamtzahl der Personen des Haushalts entspricht.

Beispiel:

Die Ehegatten Gustav und Eva A. wohnen mit der Mutter und dem Vater von Eva in einer Wohnung in einer Gemeinde, in der die Mietstufe VI gilt. Gustav bezieht Arbeitslosengeld II, Eva hat einen Mini-Job. Die Mutter von Eva hat eine Beschäftigung am Fließband einer Schokoladenfabrik, der Vater bezieht bereits Altersrente.

Gustav und Eva bilden nach SGB II eine Bedarfsgemeinschaft, erhalten daher Transferleistungen und sind daher vom Wohngeldbezug ausgeschlossen.

Die Eltern von Eva haben dem Grunde nach einen Wohngeldanspruch.

1. Schritt: Ermittlung des Gesamthöchstbetrages des Mietzuschusses

Es liegt ein Mischhaushalt mit vier Personen vor. Nach der Tabelle in § 12 Abs. 1 WoGG (siehe unten) beträgt der Höchstbetrag bei Mietstufe VI und vier Personen 879 Euro.

2. Schritt: Teilung dieses Gesamthöchstbetrages durch die Gesamtzahl der Personen des Mischhaushalts

Dies ergibt eine Zwischensumme von 219,75 Euro.

3. Schritt: Multiplikation dieser errechneten Zwischensumme mit den zum wohngeldberechtigten Haushalt rechnenden Familienmitgliedern

Wohngeldberechtigte Familienmitglieder in diesem Haushalt sind der Vater und die Mutter von Eva. Der Höchstbetrag für diese beiden wohngeldberechtigten Familienmitglieder beträgt also 439,50 Euro.

Höchstbeträge

Wohngeld wird nur bis zu einem bestimmten Höchstbetrag geleistet.

Die Höchstbeträge für Miete und Belastung sind in einer Tabelle in § 12 Abs. 1 WoGG festgelegt. Die Tabelle erfasst folgende Merkmale:

- Anzahl der zu berücksichtigenden Haushaltsmitglieder
- Mietenstufe der Wohnorts; es wird zwischen sechs Mietenstufen unterschieden
- Höchstbetrag in Euro

Berechnung des Wohngeldes

Haushaltsmitglieder	Mietenstufe	Höchstbetrag in Euro
1	I	312
	II	351
	III	390
	IV	434
	V	482
	VI	522
2	I	378
	II	425
	III	473
	IV	526
	V	584
	VI	633
3	I	450
	II	506
	III	563
	IV	626
	V	695
	VI	753
4	I	525
	II	591
	III	656
	IV	730
	V	811
	VI	879
5	I	600
	II	675
	III	750
	IV	834
	V	927
	VI	1004
Mehrbetrag für jedes weitere zu berücksichtigende Haushaltsmitglied	I	71
	II	81
	III	91
	IV	101
	V	111
	VI	126

Nur bis zu den in der Tabelle festgelegte Höchstgrenzen ist eine Miete oder im Falle eines Eigenheims eine Belastung zuschussfähig.

Die Zugehörigkeit einer Gemeinde zu einer Mietenstufe richtet sich nach dem jeweiligen Mietniveau. Dieses wird vom Statistischen Bundesamt festgestellt.

Den Mietstufen sind folgende Mietniveaus zugeordnet (§ 12 Abs. 5 WoGG):

3

Mietenstufe	Mietenniveau
I	niedriger als minus 15 Prozent
II	minus 15 Prozent bis niedriger als minus 5 Prozent
III	minus 5 Prozent bis niedriger als 5 Prozent
IV	5 Prozent bis niedriger als 5 Prozent
V	15 Prozent bis niedriger als 25 Prozent
VI	25 Prozent und höher

Die Mietstufen selbst können dem Anhang der Wohngeldverordnung entnommen werden. Die Gemeinden und Kreise sind dort nach Bundesländern mit der dazu festgelegten Mietstufe aufgeführt.

Wohngeldreform 2016
Zum 1. Januar 2016 werden die Höchstbeträge wie folgt angehoben:

- Mietstufe I um 7 Prozent
- Mietstufe II um 13 Prozent
- Mietstufe III um 18 Prozent
- Mietstufe IV um 21 Prozent
- Mietstufe V um 25 Prozent
- Mietstufe VI um 27 Prozent

Gesamteinkommen

Um zu vermeiden, dass Wohngeld zu anderen als zu Wohnzwecken verwendet wird, muss ein gewisses Mindesteinkommen nachgewiesen werden. Erst dann wird ein Zuschuss zur Miete bzw. zu den Belastungen gezahlt. Wird das Mindesteinkommen unterschritten, wird kein Wohngeld gezahlt. Stattdessen verweist die Behörde auf andere existenzsichernde Leistungen.

3

Wichtig: Aufgrund der Ausführungen in der Verwaltungsvorschrift zum Wohngeldgesetz (WoGVwV 2009 zu § 15, 15.01) kann folgende Faustformel angewandt werden: Die zur Verfügung stehenden Einnahmen zuzüglich eines zu leistenden Wohngeldes müssen 80 Prozent des Bedarfs nach dem SGB XII (Regelbedarf plus ggfs. Mehrbedarfe) erreichen.

Die Wohngeldbehörde ermittelt dazu das monatliche Gesamteinkommen aller zu berücksichtigenden Haushaltsmitglieder.

Das Gesamteinkommen nach § 13 WoGG ist dabei die Summe der Jahreseinkommen der zu berücksichtigenden Haushaltsmitglieder. Davon werden abgezogen:

- Freibeträge
- Unterhaltsleistungen

Um zum monatlichen Gesamteinkommen zu gelangen, wird das so ermittelte Jahreseinkommen durch zwölf geteilt.

Jahreseinkommen

Bei der Ermittlung des Jahreseinkommens ist das Einkommen zu Grunde zu legen, das im Zeitpunkt der Antragstellung im Bewilligungszeitraum zu erwarten ist. Der Antragsteller muss also eine Prognose abgeben, welches Einkommen im Bewilligungszeitraum im zu berücksichtigenden Haushalt zu erwarten ist.

Zum Jahreseinkommen gehören die positiven Einkünfte im Sinne des § 2 Abs. 1 und 2 Einkommensteuergesetzes (EStG). Dabei sind folgende Einkunftsarten zu berücksichtigen (§ 14 Abs. 2 WoGG):

Der Gewinn abzüglich Betriebsausgaben aus

- Einkünften aus Land- und Forstwirtschaft
- Einkünften aus Gewerbebetrieb
- Einkünften aus selbständiger Arbeit

Der Überschuss der Einnahmen über die Werbungskosten aus

- Einkünften aus nichtselbstständiger Arbeit
- Einkünften aus Kapitalvermögen
- Einkünften aus Vermietung und Verpachtung (nicht für einen Teil des Wohnraums, für den Wohngeld beantragt wird bzw. das Entgelt, das eine den Wohnraum mitbewohnende Person hierfür zahlt)
- sonstigen Einkünfte im Sinne des § 22 EStG (z. B. Ehegattenunterhalt)

3

Werbungskosten können wie im Steuerrecht üblich abgezogen werden. Werden keine Werbungskosten angegeben, so wird bei nichtselbstständiger Arbeit eine Pauschalbetrag von 1.000 Euro berücksichtigt, bei sonstigen Einkünften ein Pauschalbetrag von 102 Euro.

Wohngeldreform 2016
Mit der Wohngeldreform wird klargestellt, dass nach dem Einkommensteuergesetz vom Arbeitgeber pauschal besteuerter Arbeitslohn ebenfalls zu den Einkünften aus nichtselbständiger Arbeit gehört und damit zum wohngeldrechtlichen Jahreseinkommen zählt. Damit wird das Urteil des Bundesfinanzhofes vom 16. Oktober 2013 (Az. VI R 57/11) umgesetzt.

Die Pauschalierung der Lohnsteuer ist zulässig für kurzfristig Beschäftigte, für geringfügig Beschäftigte (Mini-Job) und für Aushilfskräfte in der Land- und Forstwirtschaft.

Zu den pauschal besteuerten Einnahmen zählen Sachzuwendungen, Fahrtkostenzuschüsse oder auch Vergütungen für Verpflegungsmehraufwendungen.

Für diese Einnahmen können keine Werbungskosten geltend gemacht werden.

Ein Ausgleich mit negativen Einkünften aus verschiedenen Einkunftsarten oder mit negativen Einkünften des zusammenveranlagten Ehegatten ist nicht zulässig.

3

Wichtig: Bei der Antragstellung sind immer die monatlichen Brutto-Einnahmen anzugeben.

Weitere zu berücksichtigende Einnahmen

In § 14 Abs. 2 WoGG werden noch zusätzlich Einnahmen definiert, die zum Einkommen zählen. Dies sind nach § 3 EStG steuerfreien Einkünfte, die bei der Ermittlung des Gesamteinkommens voll oder teilweise bei der Wohngeldberechnung angerechnet werden, da sie dem Haushalt zur Lebensführung zur Verfügung stehen.

Wichtig: Weitere steuerfreie Einnahmen nach § 3 EStG, die im Katalog von § 14 Abs. 2 WoGG nicht aufgeführt sind, dürfen in die Wohngeldberechnung nicht einfließen. Dies gilt insbesondere für Kindergeld oder Elterngeld.

Einnahmen nach dem Katalog von § 14 Abs. 2 WoGG sind insbesondere:

- Renten und Pensionen (z. B. Ruhegehalt, Witwen- oder Waisengeld, Unterhaltsbeitrag oder wegen Erreichens einer Altersgrenze, Berufsunfähigkeit, Erwerbsunfähigkeit oder als Hinterbliebenenbezüge gewährte Vorteile aus früheren Dienstleistungen); zu berücksichtigen ist der nach dem Einkommensteuergesetz steuerfreie Anteil

- Versorgungsbezüge bzw. Renten nach dem BVG bzw. analog BVG an Wehrdienstbeschädigte, im freiwilligen Wehrdienst Beschädigte, Zivildienstbeschädigte und im Bundesfreiwilligendienst Beschädigte oder ihre Hinterbliebenen, Kriegsbeschädigte und Kriegshinterbliebene; auch Unfallfürsorgeleistungen an Beamte nach §§ 32 bis 35 BeamtVG, Unterhaltsbeiträge nach §§ 40 und 41 BeamtVG oder auch Dienstbeschädigungsvollrenten und die Dienstbeschädigungsrenten nach den Versorgungsordnungen der Nationalen Volksarmee

- Kapitalabfindungen aufgrund der gesetzlichen Rentenversicherung und der Beamten-(Pensions-)Gesetze

- Verletztenrenten, Beihilfen und Abfindungen aus der gesetzlichen Unfallversicherung, etwa Renten wegen Minderung der Erwerbsfähigkeit nach § 56 ff. SGB VII, Leistungen an Hinterbliebene nach den § 63 ff. SGB VII (z. B. Witwengeld, Waisengeld) oder Abfindungen nach den § 75 ff. SGB VII

- Lohnersatzleistungen nach dem SGB III:
  - Arbeitslosengeld oder Teilarbeitslosengeld
  - Zuschüsse zum Arbeitsentgelt
  - Kurzarbeitergeld
  - Winterausfallgeld
  - Insolvenzgeld
  - Übergangsgeld, auch Altersübergangsgeld und ein Altersübergangsgeld-Ausgleichsbetrag
  - Unterhaltsgeld, das als Zuschuss gezahlt wird
  - Eingliederungshilfen

3

- Lohnersatzleistungen nach SGB V (gesetzliche Krankenversicherung), SGB VI (gesetzliche Rentenversicherung), SGB VII (gesetzliche Unfallversicherung), dem Gesetz über die Krankenversicherung der Landwirte oder dem Zweiten Gesetz über die Krankenversicherung der Landwirte, wie z. B. Krankengeld, Verletztengeld, Übergangsgeld

- Auch Lohnersatzleistungen aus anderen Vorschriften fallen unter die Einkommensanrechnung, insbesondere:
  - Mutterschaftsgeld, Zuschuss zum Mutterschaftsgeld, die Sonderunterstützung nach dem Mutterschutzgesetz sowie für Beamtinnen der Zuschuss nach § 4a der Mutterschutzverordnung oder einer entsprechenden Landesregelung
  - Mutterschaftsgeld nach § 24i SGB V
  - Arbeitslosenbeihilfe oder Arbeitslosenhilfe nach dem Soldatenversorgungsgesetz
  - Entschädigungen für Verdienstausfall nach dem Infektionsschutzgesetz
  - Versorgungskrankengeld oder Übergangsgeld nach dem Bundesversorgungsgesetz
  - Verdienstausfallentschädigung nach dem Unterhaltssicherungsgesetz

- Unterhaltshilfe und Beihilfe zum Lebensunterhalt nach dem Lastenausgleichsgesetz, nach dem Reparationsschädengesetz und nach dem Flüchtlingshilfegesetz

3

- Krankentagegelder aus einer gesetzlichen oder privaten Krankenversicherung, einer gesetzlichen oder privaten Pflegeversicherung und aus der gesetzlichen Unfallversicherung

- Renten für durch Anti-D-Immunprophylaxe mit dem Hepatitis-C-Virus infizierte Personen (§ 3 Abs. 2 Anti-D-Hilfegesetzes)

- Zuschläge für Sonntags-, Feiertags- und Nachtarbeit

- Arbeitgeberzuwendungen zur betrieblichen Altersversorgung (steuerfreie Zuwendungen des Arbeitgebers an eine Pensionskasse, Direktversicherung usw.)

- Sparer-Pauschbetrag auf Einkünfte aus Kapitalvermögen (100 Euro bleiben frei)

- Erhöhte Absetzungen und Sonderabschreibungen

- Grundbetrag der Produktionsaufgaberente und das Ausgleichsgeld nach dem Gesetz zur Förderung der Einstellung landwirtschaftlicher Erwerbstätigkeit

- Leistungen aus öffentlichen Mitteln an Arbeitnehmer u. a. des Steinkohlenbergbaues und des Braunkohlentiefabbaus und der Eisen- und Stahlindustrie aus Anlass von Stilllegungs-, Einschränkungs-, Umstellungs- oder Rationalisierungsmaßnahmen

- die dem Empfänger steuerlich nicht zuzurechnenden Bezüge, die ihm von nicht zum Haushalt rechnenden Personen gezahlt werden (z. B. Leistungen zur Aufbringung der Belastung, Unterhaltsleistungen oder sonstige freiwillige Leistungen), mit Ausnahme von Leistungen für Pflegepersonen bis zu einer Höhe von 4.800 Euro

- Unterhaltsleistungen bei Trennung und Scheidung, Versorungsleistungen (Versorgungsausgleich, Ausgleichsleistungen)

- Leistungen nach dem Unterhaltsvorschussgesetz

- Leistungen nach dem Unterhaltssicherungsgesetz

- Aufwendungsersatz bzw. Erziehungskostenanteile für Tagespflegepersonen (Tagesmütter) nach dem SGB VIII bei Tagespflege oder Vollzeitpflege

- Leistungsanteile für den Unterhalt von Kindern, Jugendlichen oder jungen Volljährigen nach dem SGB VIII (z. B. sozialpädagogisch begleitete Wohnformen im Rahmen der schulischen und beruflichen Ausbildung bzw. Eingliederung nach § 13 Abs. 3 Satz 2 SGB VIII oder Mutter/Vater-Kind-Einrichtung nach § 19 Abs. 3 SGB VIII)

- Steuerfreie Einnahmen für Leistungen zur Grundpflege oder hauswirtschaftlichen Versorgung Pflegebedürftiger; Anrechenbar ist die Hälfte des Pflegegeldes nach § 37 SGB XI, wenn die Hilfe von Pflegenden durchgeführt wird, die keine Wohn- und Wirtschaftsgemeinschaft mit dem Pflegebedürftigen führen. Pflegegeld das im Haushalt lebende Angehörige erhalten, wird dagegen bei der Wohngeldberechnung nicht berücksichtigt.

- Ausbildungsförderungsleistungen, wie Berufsausbildungsbeihilfen und Ausbildungsgeld nach dem SGB III, BAföG-Leistungen, Leistungen nach dem Aufstiegsfortbildungsförderungsgesetz (AFBG) und der Begabtenförderungswerke, Stipendien, Leistungen zur Sicherung des Lebensunterhaltes für MobiPro-EU Teilnehmende

3

Wohngeldreform 2016
Zusatzleistungen in Härtefällen bei BAföG-Empfängern (§ 14a BAföG i. V. m. §§ 6 und 7 HärteV) sollen nicht zum wohngeldrechtlichen Einkommen zählen. Diese Leistungen dienen der Deckung besonderer Aufwendungen der Auszubildenden, wie etwa der ausbildungsbedingten Mehrkosten für die Internatsunterbringung von Auszubildenden mit einer Behinderung. Daraus dürfen den Betroffenen keine Nachteile entstehen. In dem Fall, in dem die Leistungen als Eingliederungshilfe für behinderte Menschen gemäß den §§ 53, 54 SGB XII erbracht worden wären, hätten sie wohngeldrechtlich nicht zum Einkommen gezählt. Um diese Ungleichheit zu beseitigen, wurde § 14 Abs. 2 Nr. 27 WoGG mit Geltung ab 1. Januar 2016 entsprechend geändert.

In den Katalog der Ausbildungsförderungsleistungen wurden Leistungen zur Sicherung des Lebensunterhaltes während des ausbildungsbegleitenden Praktikums oder der betrieblichen Berufsausbildung bei Teilnahme am Sonderprogramm Förderung der beruflichen Mobilität von ausbildungsinteressierten Jugendlichen und arbeitslosen jungen Fachkräften aus Europa (MobiPro-EU-Teilnehmende) neu aufgenommen.

- Zuschüsse der Graduiertenförderung (meist Promotionsstipendien, wegen Projektbezogenheit werden Forschungsbeihilfen, Druckkostenzuschüsse, Reisekostenzuschüsse nicht angerechnet)

- Zuwendungen, die aufgrund des Fulbright-Abkommens an Studierende, Austauschlehrer und Wissenschaftler gezahlt werden

■ Zum Lebensunterhalt bestimmte Transferleistungen nach § 7 Abs. 1 Nr. 1 bis 9 WoGG unabhängig davon, ob bei deren Berechnung Kosten der Unterkunft berücksichtigt worden sind oder nicht. Davon gibt es nach § 14 Abs. 3 Nr. 30 folgende Ausnahmen, die mit der Wohngeldreform neu formuliert wurden:

– in den Transferleistungen enthaltene Kosten der Unterkunft, wenn diese nicht für den Wohnraum gewährt werden, für den Wohngeld beantragt wurde,

Wohngeldreform 2016
Hintergrund der einschränkenden Einkommensanrechnung sind die Fälle von Kindern bei getrennt lebenden Eltern, die annähernd gleich betreut werden (paritätisches Wechselmodell, siehe S. 35). Sie zählen bei beiden Elternteilen zum wohngeldrechtlichen Haushalt. Die Kosten der Unterkunft sind für die Deckung der anteiligen Miete im Haushalt des anderen Elternteils bestimmt und nicht für den wohngeldrechtlichen Haushalt.

– Kinder- und Jugendhilfeleistungen, wie oben in dieser Aufzählung aufgeführt (Aufwendungsersatz, Erziehungskostenanteile für Tagespflegepersonen, SGB VIII-Leistungsanteile für den Unterhalt)

– Sozialgeld, das ein zu berücksichtigendes Kind als Mitglied der Bedarfsgemeinschaft im Haushalt des getrennt lebenden anderen Elternteils anteilig erhält,

– Hilfe zum Lebensunterhalt, das ein nach dem Dritten Kapitel des SGB XII leistungsberechtigtes Kind im Haushalt des getrennt lebenden Elternteils anteilig erhält,

Wohngeldreform 2016
Auch hier geht es um Fälle, in denen ein Kind im pariätischen Wechselmodell betreut wird. In diesen Fällen bezieht der getrennt lebende andere Elternteil zum Beispiel Leistungen nach dem SGB II und das Kind erhält daher als Mitglied der Bedarfsgemeinschaft für die Dauer des Aufenthalts in diesem Haushalt anteilig Sozialgeld nebst Kosten der Unterkunft.

In Haushalten mit SGB XII-Bezug erhält das Kind anteilig für die Dauer des Aufenthalts Hilfe zum Lebensunterhalt nebst Kosten der Unterkunft. Sowohl die Kosten der Unterkunft als auch das anteilige Sozialgeld beziehungsweise die anteilige Hilfe zum Lebensunterhalt kommen dem wohngeldrechtlichen Haushalt des wohngeldberechtigten Elternteils nicht zugute.

Die Nichtanrechnung ist – laut Gesetzesbegründung – auch noch vor dem folgenden Hintergrund sachgerecht: Bei getrennt lebenden Eltern, die gegenseitig nicht unterhaltspflichtig sind und die keine Transferleistungen erhalten, werden weder der Barunterhalt gegenüber dem Kind noch das Einkommen des anderen Elternteils als Einkommen des Wohngeldhaushaltes angerechnet.

– Leistungen, die in den Fällen des § 7 Abs. 1 Satz 3 oder Abs. 2 Satz 2 WoGG erbracht werden, in denen kein Ausschluss vom Wohngeld besteht (Rückausschlussfälle, siehe S. 48 ff.). Um die Prüfung zu ermöglichen, ob Hilfebedürftigkeit durch Wohngeld vermieden bzw. beseitigt werden kann, wird während des Doppelbezugs von Transferleistung und Wohngeld die nachrangige Transferleistung nicht als Einkommen angerechnet. Auch gewährtes Darlehen wird nicht als Einkommen angerechnet.

Einmalige Einnahmen

Einmaliges Einkommen, das für einen bestimmten Zeitraum bezogen wird, ist diesem Zeitraum zuzurechnen (§ 15 Abs. 1 WoGG). Das kann etwa sein eine Gehalts-, Renten-, Unterhaltsnachzahlung oder eine Entlassungsentschädigung in Form einer Abfindung.

Wichtig: Kein einmaliges Einkommen sind Arbeitgeberleistungen, die einmal im Jahr in einer Summe ausgezahlt werden, wie z. B. Urlaubsgeld, Weihnachtsgeld, 13. Monatsgehalt, sonstige Gratifikationen. Sie gehören zum Jahreseinkommen, auch wenn sie nicht im Bewilligungszeitraum ausgezahlt werden.

Wohngeldreform 2016
Bislang war die Aufteilung einmaligen Einkommens auf drei Jahre nach dem Zuflussmonat nur auf Abfindungen, Entschädigungen oder ähnliche Leistungen im Zusammenhang mit der Beendigung eines Arbeitsverhältnisses (Entlassungsentschädigung) möglich.

Mit der Wohngeldreform werden alle einmaligen Einkommen gleich behandelt und die Aufteilung jeweils zu einem Drittel in den

3

drei Jahren nach dem Zuflussmonat auch auf alle anderen einmaligen Einkommen ausgedehnt.

Als Beispiel für einmalige Einnahmen nennt die Gesetzesbegründung kapitalisierte Rentenabfindungen oder Unterhaltsabfindungen, für die kein bestimmter Zurechnungszeitraum festgelegt oder vereinbart ist. Dagegen sei ein bestimmter Zurechnungszeitraum für den Zeitraum festgelegt, für den die Bundesagentur für Arbeit das Ruhen des Anspruchs auf Arbeitslosengeld wegen des Anspruchs auf eine Entlassungsentschädigung festgestellt hat (§ 158 SGB III).

Bezüglich der Abzugsbeträge für Steuern und Sozialversicherungsbeiträge (§ 16 WoGG) wird bei diesen in der Regel auf drei Jahre aufgeteilten einmaligen Einkommen nun in jedem Jahr der Zurechnung auch der Abzug auf den dann noch angerechneten Betrag gewährt. Diesbezüglich wurde § 16 Abs. 1 WoGG mit der Wohngeldreform entsprechend geändert.

Pauschale Abzugsbeträge für Steuern und Sozialversicherungsbeiträge

Vom Jahreseinkommen werden für jedes Haushaltsmitglied jeweils 10 Prozent für die Leistung von

- Steuern vom Einkommen,
  und
- Pflichtbeiträgen zur gesetzlichen Kranken- und Pflegeversicherung,
  und
- Pflichtbeiträgen zur gesetzlichen Rentenversicherung

abgezogen (§ 16 Abs. 1 WoGG). Dadurch wird berücksichtigt, dass die entsprechenden Steuern und Pflichtbeiträge den Wohngeldempfängern nicht für ihre Lebensführung beziehungsweise ihre Wohnkosten zur Verfügung stehen.

Die Abzugsposten summieren sich. Werden Steuern gezahlt und sowohl Pflichtbeiträge für die Kranken-/Pflegeversicherung als auch die Rentenversicherung gezahlt, so sind 30 Prozent absetzbar, werden keine Steuern aber Beiträge zur Kranken-/Pflegeversicherung und Rentenversicherung gezahlt, so sind 20 Prozent absetzbar.

Wichtig: Bei der Antragstellung sind diese Abzugsposten nachzuweisen durch Bescheinigungen des Arbeitgebers, Einkommensteuer-
bescheiden, Vorauszahlungsbescheiden, Beitrags- oder Rentenbe-
scheinigungen usw. Basierend auf diesen Angaben nimmt die
Wohngeldbehörde dann eine Prognose für den Bewilligungszeitraum vor.

Wohngeldreform 2016   **3**
Bislang erhielten Wohngeldempfänger, die keine Steuern vom
Einkommen und keine Pflichtbeiträge zur gesetzlichen Kranken-
und Pflegeversicherung beziehungsweise zur gesetzlichen Ren-
tenversicherung leisteten, einen pauschalen Abzugsbetrag in
Höhe von 6 Prozent.

Diese Regelung wurde mit der Wohngeldreform zum 1. Januar
2016 mit folgender Begründung gestrichen: Personen, die keine
Steuern und Pflichtbeiträge zahlen, haben keine Einbußen bei den
Leistungen für ihre Lebensführung beziehungsweise bei ihren
Wohnkosten. Deshalb sollen sie künftig nicht mehr in dem Umfang
entlastet werden.

Als teilweise Kompensation der Streichung des pauschalen Ab-
zugsbetrags werden die Tabellenwerte des Wohngeldes (§ 19
WoGG) um 6 Prozent erhöht. Dies kommt im Wesentlichen allen
Wohngeldhaushalten zugute.

Freibeträge

Vom Jahreseinkommen der zu berücksichtigenden Haushaltsmitglieder können zudem folgende Freibeträge nach § 17 WoGG abgezogen
werden:

Bei **Schwerbehinderten** in Höhe von 1.500 Euro

- entweder bei Vorliegen eines Grades der Behinderung (GdB)
  von 100,

- oder bei Vorliegen eines GdB von unter 100 und Pflegebedürftigkeit im Sinne von § 14 SGB XI und gleichzeitiger häuslicher oder
  teilstationärer Pflege oder Kurzzeitpflege.

Bei **Opfer der nationalsozialistischen Verfolgung** oder diesen Gleich-
gestellten in Höhe von 750 Euro.

Für **Alleinerziehende** ein Kinderfreibetrag in Höhe von 1.320 Euro, wenn mindestens ein betreutes Kind minderjährig ist und Kindergeld oder eine Leistung nach § 65 Abs. 1 EStG gewährt wird.

Für **Kinder und junge Erwachsene bis 25 Jahre** ein Betrag in Höhe der eigenen Einnahmen aus Erwerbstätigkeit, höchstens jedoch 1.200 Euro.

3

Wohngeldreform 2016
Die Freibetragsregelung in § 17 WoGG wurde durch die Wohngeldreform sowohl inhaltlich wie auch finanziell umgestaltet. Hier eine Zusammenfassung der Gesetzesbegründung (18/4897, S. 91 ff.):

Behinderten-Freibetrag

Für Schwerbehinderte mit einem GdB von 50 bis unter 80, die pflegebedürftig im Sinne des § 14 SGB XI sind und sich gleichzeitig in häuslicher oder teilstationärer Pflege oder Kurzzeitpflege befinden, wird der Freibetrag angehoben (von 1.200 Euro auf 1.500 Euro jährlich).

Die Freibeträge für Schwerbehinderte mit einem GdB von 80 bis 100 bleiben unverändert (1.500 Euro jährlich).

Zudem wurde – entsprechend der bereits bestehenden Verwaltungspraxis –die widerlegliche Vermutung der Schwerbehinderteneigenschaft bei Pflegestufe II und III auf Pflegestufe I ausgeweitet. Bei Pflegestufe 0 ist dagegen weiterhin der Nachweis der Schwerbehinderteneigenschaft erforderlich.

Alleinerziehenden-Freibetrag

Voraussetzung für den Freibetrag ist weiterhin, dass die alleinerziehende Person ausschließlich mit einem oder mehreren Kindern Wohnraum gemeinsam bewohnt und dass sie für eines dieser Kinder Kindergeld nach dem EStG, dem BKGG oder eine Leistung nach § 65 Abs. 1 Satz 1 EStG (andere Leistung für Kinder statt Kindergeld) erhält.

Der Freibetrag berücksichtigt ab 1. Januar 2016, dass eine erwachsene Person allein im wohngeldrechtlichen Haushalt für die Pflege und Erziehung von einem oder mehreren Kindern unter 18 Jahren Sorge trägt. Die damit verbundenen höheren Kosten der Lebensführung werden auch im SGB II als Mehrbedarf berücksichtigt (§ 21 Absatz 3 SGB II). Wie auch im Steuerrecht findet er nun als Einmalbetrag je Haushalt (und nicht mehr wie bisher je Kind unter 12

Jahren) Berücksichtigung, wenn die alleinerziehende Person selbst zu berücksichtigendes Haushaltsmitglied ist.

Eine Abwesenheit der alleinerziehenden Person von der gemeinsamen Wohnung wegen Erwerbstätigkeit oder Ausbildung ist nicht mehr erforderlich. Die Kinderbetreuungskosten aller Eltern mit steuerbaren Einkünften können – ob erwerbstätig oder nicht – im Rahmen der wohngeldrechtlichen Einkommensermittlung ohnehin nach § 14 Abs. 1 Satz 1 WoGG in Verbindung mit § 2 Abs. 5a Satz 2 und § 10 Abs. 1 Nr. 5 EStG berücksichtigt werden.

Weitere Voraussetzung ist, dass mindestens eines der mit der alleinerziehenden Person zusammen wohnenden Kinder minderjährig ist. Zählen auch volljährige Kinder zum Haushalt, so führt dies nicht mehr zum Wegfall des Freibetrages. Dies trägt dem Umstand Rechnung, dass volljährige Geschwister die alleinerziehende Person nicht unbedingt wie ein Partner bei der Betreuung der minderjährigen Geschwister unterstützen. Zudem wird die Altersgrenze für Kinder von unter 12 Jahre auf unter 18 Jahre erhöht und orientiert sich damit an der Regelung im SGB II (§ 21 Absatz 3 SGB II).

Höhe und Ausgestaltung des Freibetrages orientieren sich am Entlastungsbetrag für Alleinerziehende im Einkommensteuerrecht (§ 24b EStG, Rechtstand 1. Januar 2015). Insgesamt ist damit eine Besserstellung von Alleinerziehenden im Wohngeld verbunden.

Freibetrag für Kinder

Mit der Wohngeldreform wird der Freibetrag für Kinder mit eigenen Einnahmen inhaltlich umgestaltet und von 600 Euro auf 1.200 Euro jährlich erhöht.

Bislang war ein Freibetrag für Kinder von 16 bis 25 Jahren in Höhe von 600 Euro für jegliche Einnahmen vorgesehen (nicht nur Erwerbseinkünfte, sondern zum Beispiel auch Renten, Unterhalt vom anderen Elternteil, Kapitaleinkünfte, Ausbildungsgeld nach dem SGB III, BAföG-Leistungen).

Der Ausschuss für Raumordnung, Bauwesen und Städtebau hatte in der damaligen Beschlussempfehlung vom 13. Juni 1985 (BTDrs. 10/3475, S. 13) festgestellt, dass Kinder mit zunehmendem Alter und damit einhergehender subjektiver Verselbständigung nicht ihre gesamten Einnahmen zur Bestreitung des gemeinsamen Lebensbedarfs zur Verfügung stellen. Die darüber hinausgehende

3

Begründung des Bundestagsausschusses, Kinder mit zunehmendem Alter verwendeten bereits einen Teil ihrer Einnahmen für Vorkehrungen zur Gründung eines Haushalts, ist aus heutiger Sicht nicht mehr zeitgemäß.

Vielmehr verdienen sich auch Kinder unter 16 Jahren etwa durch Zeitungaustragen oder Ferienjobs ein Taschengeld mit dem Ziel der eigenen Verwendung.

Nicht mehr angebracht ist die bisherige Ausrichtung des Freibetrages zudem insofern, als er für alle Einkunftsarten gilt. Kinder zum Beispiel mit Kapitaleinkünften auch noch mit einem weitergehenden Freibetrag zu begünstigen, erscheint nicht mehr sachgerecht. Kapitaleinkünfte (auch von Kindern) werden ohnehin nur dann als wohngeldrechtliches Einkommen angerechnet, wenn sie einen Betrag von 100 Euro übersteigen (§ 14 Abs. 2 Nr. 15 WoGG). Dies gilt auch für Freibeträge für BAföG-Leistungen, Berufsausbildungsbeihilfen oder Ausbildungsgeld nach dem SGB III, da sie ohnehin nur zur Hälfte als wohngeldrechtliches Einkommen angerechnet werden.

Die Neugestaltung des Kinderfreibetrags zum 1. Januar 2016 greift diese Argumentation auf. Durch den Freibetrag werden nunmehr alle Kinder begünstigt, die – unter Beachtung des Jugendarbeitsschutzgesetzes – Einnahmen aus eigener Erwerbstätigkeit beziehen. Dies soll der Förderung der Selbständigkeit von Kindern und jungen Erwachsenen bis 25 Jahren dienen. Dabei kann zudem der Umgang mit selbst verdientem Geld gelernt werden.

Zudem wird der seit 1985 nicht mehr angepasste Freibetrag verdoppelt. Der Freibetrag in Höhe von 1.200 Euro orientiert sich am Freibetrag für unter 25-jährige Kinder im SGB II (§ 1 Abs. 1 Nr. 9 und Abs. 4 Arbeitslosengeld II/Sozialgeld-Verordnung). Damit wird eine Gleichstellung von Kindern in Wohngeldhaushalten mit denen in SGB II-Haushalten angestrebt. Eine Schlechterstellung von Kindern in Wohngeldhaushalten ist sozialpolitisch nicht vermittelbar.

Abzugsbeträge für Unterhaltsleistungen

Auch Aufwendungen zur Erfüllung gesetzlicher Unterhaltsverpflichtungen sind nach § 18 WoGG ein Abzugsposten vom Gesamteinkommen. Diese können entweder in voller Höhe bis zu dem in einer notariell beurkundeten Unterhaltsvereinbarung festgelegten oder in einem Unterhaltstitel oder Bescheid festgestellten Betrag berücksichtigt werden.

Liegen eine notariell beurkundete Unterhaltsvereinbarung, ein Unterhaltstitel oder ein Bescheid nicht vor, sind folgende Pauschbeträge abzuziehen:

- bis zu 3.000 Euro für ein Haushaltsmitglied, das auswärts untergebracht ist und sich in Berufsausbildung befindet,
  Als Berufsausbildung ist jede Ausbildung anzusehen, welche die zur Ausübung eines künftigen Berufs notwendigen fachlichen Fertigkeiten und Kenntnisse in einem geordneten Ausbildungsgang vermittelt. Darunter fallen insbesondere der Besuch von allgemeinbildenden und beruflichen Schulen und von Hochschulen einschließlich der Vorbereitung auf eine Promotion, die Ausbildung für einen anerkannten Ausbildungsberuf, die berufliche Fortbildung, bzw. berufliche Umschulung behinderter Menschen, die Teilnahme an berufsvorbereitenden Bildungsmaßnahmen.
- bis zu 3.000 Euro für ein Kind, das bei beiden getrennt lebenden oder geschiedenen Elternteilen Haushaltsmitglied bei geteiltem Sorgerecht ist,
- bis zu 6.000 Euro für einen nicht zum Haushalt rechnenden früheren oder dauernd getrennt lebenden Ehegatten,
- bis zu 3.000 Euro für eine sonstige nicht zum Haushalt rechnende Person.

Besteht eine gesetzliche Unterhaltspflicht gegenüber mehreren Personen, kann für jede unterhaltene Person je ein Betrag bis zum jeweiligen Höchstbetrag abgesetzt werden (sog. Mehrfachabsetzung).

Auch der Ausgleich für Vorausleistung an ein Bundesland aufgrund von § 7 Unterhaltsvorschussgesetz stellt ebenfalls eine Aufwendung zur Erfüllung der gesetzlichen Unterhaltspflicht dar und kann entsprechend abgezogen werden (WoGVwV 2009 zu § 7).

4 Antrag, Bewilligung, Verfahren

4

Antrag und Bescheid

Wohngeld wird nur gezahlt, wenn ein Antrag gestellt wurde (§ 22 WoGG). Der Antrag muss von einer wohngeldberechtigten Person gestellt werden. Erfüllen mehrere Haushaltsmitglieder diese Voraussetzungen, können diese nach § 3 Abs. 3 WoGG wählen, wer Wohngeldberechtigter sein soll.

Wichtig: Der Antrag kann auch von dem Haushaltsmitglied gestellt werden, das vom Wohngeld ausgeschlossen ist, sofern es wohngeldberechtigt ist.

4

Der Antrag ist vom Berechtigten bei der zuständigen Stelle zu stellen, die nach Landesrecht bestimmt wird. In der Regel sind die Wohnungsämter in den Stadtverwaltungen bzw. Landratsämtern zuständig.

Zur Durchführung der Wohngeldantragprüfung besteht eine Auskunftspflicht, die nicht nur die Haushaltsmitglieder betreffen, sondern auch ehemalige Ehepartner oder Lebenspartner, Eltern oder Kinder, die keine Haushaltsmitglieder mehr sind, sowie unter Umständen auch Arbeitgeber und Banken (§ 23 WoGG).

Die Wohngeldstelle fertigt einen Wohngeldbescheid. In diesem Bescheid müssen u. a. ausgewiesen sein (§ 24 WoGG):

- die monatliche Miete bzw. Belastung und
- die monatlichen Einnahmen.

Daraus kann der Wohngeldempfänger betragsmäßig ableiten, ab welchem Grad der Veränderung von Miete oder Einkommen er der Wohngeldstelle Mitteilung zu machen hat.

Vorschussweise Gewährung von Wohngeld

Besteht ein Anspruch auf Wohngeld dem Grunde nach, dauert die Bearbeitung des Bescheides aber noch an („in der Regel noch ein Zeitraum von mehr als acht Wochen", siehe WoGVwV 2009 zu § 42 SGB I), so kann im Einzelfall ein Vorschuss gewährt werden.

Der grundsätzliche Anspruch besteht, wenn nach den vorgebrachten Angaben Wohngeld auf jeden Fall zu zahlen ist, die Höhe des Wohngeldes aber noch berechnet werden muss (und hier ggfs. noch nicht alle Bescheide anderer Träger vorliegen).

Beantragt der Wohngeldberechtigte einen Vorschuss, so muss ein Vorschuss gezahlt werden, wenn die sonstigen Voraussetzungen vorliegen. Dies ergibt sich aufgrund der Anwendung von § 42 SGB I. Die Vorschusszahlung beginnt dann spätestens nach Ablauf eines Kalendermonats nach Eingang des Vorschussantrags.

Bewilligungszeitraum

Wohngeld wird in der Regel für zwölf Monate bewilligt (§ 25 WoGG). Der Bewilligungszeitraum kann verkürzt werden, wenn abzusehen ist, dass sich die Verhältnisse des Wohngeldempfängers vorher ändern (§ 25 Abs. 1 WoGG).

4

Wenn nach Ablauf des Bewilligungszeitraums weiter Wohngeld in Anspruch genommen werden soll, so muss ein Weiterleistungsantrag gestellt werden.

Achtung: Damit die laufende Wohngeldzahlung nicht unterbrochen wird, sollte dieser Weiterleistungsantrag rechtzeitig (ca. zwei Monate) vor Ablauf des Bewilligungszeitraums gestellt werden.

Der Bewilligungszeitraum beginnt in der Regel am Ersten des Monats, in dem der Antrag bei der Wohngeldbehörde eingegangen ist. Treten die Voraussetzungen für die Bewilligung des Wohngeldes erst in einem späteren Monat ein, so beginnt der Bewilligungszeitraum am Ersten dieses Monats (§ 25 Abs. 2 WoGG).

Wenn Transferleistungen nach § 7 Abs. 1 WoGG von den jeweiligen Leistungsträgern abgelehnt wurden, beginnt der Bewilligungszeitraum am Ersten des Monats, von dem ab die Bewilligung von Transferleistungen abgelehnt worden ist, wenn der Antrag auf Wohngeld vor Ablauf des auf die Kenntnis der Ablehnung folgenden Kalendermonats gestellt wird (§ 25 Abs. 3 WoGG). Ist die Bewilligung einer Transferleistung abgelehnt worden, hätte der Betreffende aber eigentlich einen Anspruch auf allgemeines Wohngeld gehabt, soll er diesen Anspruch nicht verlieren, wenn er den Wohngeldantrag innerhalb eines Kalendermonats nach Kenntnis der Ablehnung stellt.

Auszahlung des Wohngeldes

Das Wohngeld wird nach § 26 WoGG grundsätzlich an den Antragberechtigten gezahlt. In begründeten Ausnahmefällen kann dieses auch an ein zum Haushalt rechnendes Familienmitglied oder direkt an den Empfänger der Miete gezahlt werden.

Das Wohngeld wird in der Regel im Voraus gezahlt. Es soll monatlich oder für jeweils zwei Monate (Zahlungsabschnitt) gezahlt werden.

Das Wohngeld wird grundsätzlich auf ein vom Empfänger eingerichtetes Konto überwiesen. Muss eine Barauszahlung erfolgen, weil der Empfänger kein Konto bei einem Geldinstitut hat, werden die dadurch veranlassten Kosten abgezogen. Eine Verrechnung der Kosten erfolgt dann nicht, wenn der Empfänger nachweist, dass ihm die Einrichtung eines Kontos bei einem Geldinstitut ohne eigenes Verschulden nicht möglich ist. Diese Regelung wurde vom Gesetzgeber eingefügt, um die gebührenintensive Barauszahlung zu vermeiden.

4

Änderung der Voraussetzungen während des Bewilligungszeitraums

Wohngelderhöhende Sachverhalte

Hat sich im laufenden Bewilligungszeitraum

- die Zahl der zum Haushalt rechnenden Familienmitglieder erhöht, oder

- wurde die zu berücksichtigende Miete oder Belastung um mehr als 15 Prozent erhöht, oder

- hat sich das Gesamteinkommen um mehr als 15 Prozent verringert,

so wird der Antrag neu bewilligt, wenn diese Lebenssachverhalte zu einer Erhöhung des Wohngelds führen (§ 27 WoGG).

Wichtig: Diese Sachverhalte werden nicht von Amts wegen erforscht. Wer im Bewilligungszeitraum eine Erhöhung des Wohngeldes aus oben genannten Gründen anstrebt, muss einen entsprechenden Antrag stellen und dabei die geänderten Tatsachen nachweisen.

Eine Verringerung des Einkommens ist auch dann beachtlich, wenn diese aufgrund einer Veränderung der Zahl der zum Haushalt rechnenden Familienmitglieder erfolgt.

Erfasst werden hier Änderungen der Lebenssituation durch Auszug von Familienmitgliedern. Nicht umfasst dagegen sind Fälle, dass eine Einkommensverringerung dadurch entsteht, dass ein Familienmitglied nun Transferleistungen erhält und von daher nicht mehr zum

Kreis der wohngeldberechtigten Familienmitglieder gehört. Nach § 28 Abs. 4 WoGG wird in diesem Fall der Bewilligungsbescheid unwirksam und muss unter Beachtung von § 25 Abs. 5 WoGG neu bewilligt werden.

Hat sich rückwirkend die zu berücksichtigende Miete oder Belastung um mehr als 15 Prozent erhöht und haben die zum Haushalt rechnenden Familienmitglieder die rückwirkende Erhöhung nicht zu vertreten, so wird Wohngeld auf Antrag auch für den Zeitraum bewilligt, für den rückwirkend die erhöhte Miete zu bezahlen oder die erhöhte Belastung aufzubringen ist. Das rückwirkend zu bewilligende Wohngeld darf den Betrag nicht übersteigen, um den sich die Miete oder Belastung erhöht hat. Der Anspruch ist ausgeschlossen, wenn er nicht vor Ablauf des auf die Kenntnis von der Erhöhung der Miete oder Belastung folgenden Kalendermonats geltend gemacht wird.

4

Wohngeldverringernde Sachverhalte

Hat sich im laufenden Bewilligungszeitraum

- die Miete oder Belastung so verringert, dass sich dadurch die zu berücksichtigende Miete oder Belastung um mehr als 15 Prozent verringert, oder

- haben sich die Einnahmen so erhöht, dass sich dadurch das Gesamteinkommen um mehr als 15 Prozent erhöht,

so ist über die Bewilligung neu zu entscheiden, wenn diese Veränderungen zu einem Wegfall oder zu einer Verringerung des Wohngeldes führen würden.

Als Zeitpunkt der Änderung der Verhältnisse gilt immer der Beginnzeitpunkt der Änderung, nicht der Zeitpunkt, an dem der Betroffene hiervon Kenntnis erlangt hat oder hätte erlangen können.

Wichtig: Über diese Sachverhalte besteht eine Mitteilungspflicht gegenüber der Wohngeldstelle. Die Meldung hat „unverzüglich" – also ohne schuldhaftes Zögern – zu erfolgen. Eine Erhöhung der Einnahmen ist dann nicht vorübergehend, wenn sie mehr als zwei Monate andauert. Die Arbeitsaufnahme muss sofort gemeldet werden, eine Probezeit ist dabei unbeachtlich.

Eine Neuentscheidung von Amts wegen muss innerhalb eines Jahres, nachdem die Wohngeldbehörde von der Änderung der Verhältnisse Kenntnis erlangt hat, erfolgen. Unterlässt die Wohngeldbehörde eine Entscheidung innerhalb dieser Jahresfrist, ist eine Änderung für die Vergangenheit zum Nachteil des Betroffenen nicht möglich.

Wegfall des Wohngeldanspruchs

Der Wohngeldanspruch kann während des Bewilligungszeitraums unter verschiedenen Voraussetzungen entfallen. Der Wohngeldbescheid wird dann vor Ablauf des Bewilligungszeitraums unwirksam.

4

Dies ist der Fall, wenn der Wohnraum, für den Wohngeld bewilligt wurde, von keinem der zum Haushalt rechnenden Familienmitglieder mehr genutzt wird oder das Wohngeld nicht zur Mietzahlung oder zur Zahlung der Belastung verwendet wird.

Wohngeldreform 2016
Der Wechsel des Wohnraums innerhalb desselben Heimes gilt nicht als Nutzungsaufgabe. Dies wurde mit der Wohngeldreform 2016 klargestellt.

Ist ein alleinstehender Antragberechtigter nach der Antragstellung verstorben, so entfällt der Anspruch auf Wohngeld von dem auf den Sterbemonat folgenden Zahlungsabschnitt an.

Rechnen zum Haushalt des verstorbenen Antragstellers mehrere Familienmitglieder, so entfällt der Anspruch auf Wohngeld erst mit Ablauf des Bewilligungszeitraums. Hier ist zudem § 5 Abs. 4 WoGG zu beachten, wonach für Dauer von zwölf Monaten nach dem Sterbemonat der Tod des Familienmitglieds ohne Einfluss auf die bisher maßgebende Haushaltsgröße ist.

Nach § 28 Abs. 3 und Abs. 4 WoGG endet die Leistung von Wohngeld dann, wenn Familienmitglieder, die bei der Berechnung des Wohngeldes berücksichtigt worden sind, nach Bescheiderteilung Empfänger einer in § 7 Abs. 1 WoGG genannten Transferleistungen werden.

Es tritt die Unwirksamkeit eines Bewilligungsbescheides kraft Gesetzes ein. Diese Unwirksamkeitsregelung stellt eine gesetzliche auflösende Bedingung dar. Eines gesonderten Aufhebungsverwaltungsaktes bedarf es nicht. Beginn der Unwirksamkeit ist der Zeitpunkt der Änderung der Verhältnisse; bei Änderungen im Laufe eines Monats gilt dies zum auf die Änderung folgenden nächsten Ersten eines Monats. Wie bei der gleichlautenden Regelung in § 27 Abs. 3 Satz 1

WoGG wird auch hier vom Zeitpunkt der tatsächlichen Änderungen ausgegangen und nicht vom Zeitpunkt der möglichen Kenntnis.

Nach § 28 Abs. 4 WoGG muss der Wohngeldempfänger oder müssen die Familienmitglieder der Wohngeldstelle unverzüglich mitteilen, dass ein zum Haushalt gehörendes Familienmitglied eine Transferleistung beantragt hat oder bereits bezieht.

Für verbleibende zu berücksichtigende Haushaltsmitglieder muss in diesem Fall ein neuer Antrag gestellt werden. Die Wohngeldstelle hat in diesem Fall auf Antrag eine Entscheidung auf Grundlage der veränderten Verhältnisse zu treffen. Den Beginn des neuen Bewilligungszeitraumes im Fall eines Antrages regelt der § 25 Abs. 4 WoGG.

4

Datenabgleich

Um die missbräuchlicher Inanspruchnahme von Wohngeldleistungen wirksam bekämpfen zu können, finden sich in § 33 WoGG Regelungen, wann die Wohngeldbehörde zur Weitergabe von Daten verpflichtet bzw. berechtigt ist, Daten einzuholen.

Die Wohngeldstellen sind ermächtigt, entscheidungsrelevante Angaben insbesondere durch den Einsatz eines automatisierten Datenabgleichs, zu kontrollieren.

Überprüft werden können zum Haushalt rechnende Familienmitglieder sowie Personen, mit denen der Wohngeldberechtigte gemeinsam wohnt (ehemals Wohng- und Wirtschaftsgemeinschaft). Dies gilt für alle Antragsfälle. Das Merkmal „zum (wohngeldberechtigten) Haushalt rechnende Familienmitglieder" muss auch auf den Wohngeldempfänger selbst zutreffen, da es nicht Ziel der Regelung ist, vom Wohngeld ausgeschlossene, aber noch das Wohngeld für die Familie erhaltende Personen zu überprüfen (§ 1 Abs. 4 und § 40 WoGG).

Überprüft werden kann auch der gegenwärtige und in der Vergangenheit erfolgte Empfang von Transferleistungen nach § 7 Abs. 1 WoGG. Neben der Inanspruchnahme wird dabei auch die Beantragung dieser Leistungen erfasst.

Auch Einnahmen aus Kapitalvermögen können durch einen Abgleich von Daten nach § 45d Abs. 1 EStG überprüft werden.

Um den Doppelbezug von Wohngeld zu verhindern, kann auch überprüft werden, ob bereits gegenwärtig oder in der Vergangenheit Wohngeld beantragt oder empfangen wird bzw. wurde.

Automatisierter Datenabgleich

Seit 1. Januar 2013 haben die Wohngeldstellen durchgängig einen automatischen Datenabgleich eingeführt, mit dem geprüft wird, ob Wohngeldempfänger bzw. zum Haushalt gehörende Personen Leistungen beantragt oder erhalten haben, die zum Ausschluss von Wohngeld führen. Einzelheiten zu diesem automatisierten Datenabgleich können in der Wohngeldverordnung in den §§ 16-22 nachgelesen werden.

Folgende Informationen werden für den Datenabgleich eingeholt:

- Über die Bundesagentur für Arbeit: Bezieher von Arbeitslosengeld I

- Über die Jobcenter: Bezieher von Arbeitslosengeld II, Sozialgeld und Zuschüsse nach § 27 Abs. 3 SGB II

- Über die Sozialämter: Bezieher von Leistungen der Grundsicherung im Alter und bei Erwerbsminderung nach SGB XII

- Über die Finanzämter: Versicherungspflichtige oder geringfügige Beschäftigungen

- Über die Versicherungsträger: Leistungen der Renten- und Unfallversicherungen

- Über das Bundeszentralamt für Steuern: Vom Steuerabzug freigestellte Kapitalerträge (Freistellungsaufträge)

- Über die Meldebehörden: Abmeldung/Nichtmeldung eines zu berücksichtigendes Haushaltsmitglied

- Über andere Wohngeldstellen: Anderweitige Beantragung, Gewährung von Wohngeld

Erstattungsansprüche der Sozialleistungsträger untereinander

Wie bereits in Kapitel 2 ausgeführt, geht Wohngeld den Transferleistungen vor, muss also beantragt werden, wenn dadurch – gegebenenfalls mit Kinderzuschlag nach § 6a BKGG – Hilfebedürftigkeit vermieden werden kann. Dies zu erkennen ist auch für die einzelnen Leistungsträger nicht immer leicht. Um eine Bedarfsdeckungslücke abzusichern, erlaubt § 7 Abs. 1 Satz 3 WoGG die gleichzeitige Beantragung von Wohngeld und Transferleistung – im Praxisfall meist Arbeitslosengeld II. Gleichzeitig wird die Wohngeldstelle verpflichtet das Wohngeld unverzüglich zu berechnen, der SGB II-Träger muss den Bedarf vorübergehend mit Leistungsbewilligung absichern. Gleichzeitig kann er einen Erstattungsanspruch nach § 104 SGB X gegenüber der Wohngeldstelle anmelden.

Stellt sich nach abschließender Berechnung heraus, dass Arbeitslosengeld II zu bewilligen ist, besteht gegenüber dem Wohngeldempfänger keine Rückerstattungspflicht.

4

Steht einem Leistungsträger gegenüber einem anderen Leistungsträger ein Erstattungsanspruch zu, ist ein Rückforderungsanspruch gegenüber dem Leistungsberechtigten ausgeschlossen. Ein derartiger Erstattungsanspruch einer Behörde gegen eine andere soll eine unbürokratische Abwicklung der Ansprüche im Verhältnis der Sozialleistungsträger untereinander ermöglichen. Wegen §§ 103, 107 SGB X ist es Sache des SGB II-Trägers, die Rückforderung des zu viel Gezahlten zu betreiben (VG Berlin Urteil vom 24.6.2014 – Az. VG 21 K 195.12).

5 Die gesetzlichen Grundlagen

5

Wohngeldreform 2016
Die Änderungen zum 1. Januar 2016 sind mit Unterstreichungen gekennzeichnet

Wohngeldgesetz
(WoGG)

Vom 24. September 2008 (BGBl. I S. 1856)

Zuletzt geändert durch
Gesetz zur Reform des Wohngeldrechts und zur Änderung des Wohnraumförderungsgesetzes
vom 2. Oktober 2015 (BGBl. I S. 1610)
und
Asylverfahrensbeschleunigungsgesetz
vom 20. Oktober 2015 (BGBl. I S. 1722)

Inhaltsübersicht

5

Teil 1
Zweck des Wohngeldes und Wohngeld-
berechtigung

§ 1 Zweck des Wohngeldes

(1) Das Wohngeld dient der wirtschaftlichen Sicherung angemessenen und familiengerechten Wohnens.

(2) Das Wohngeld wird als Zuschuss zur Miete (Mietzuschuss) oder zur Belastung (Lastenzuschuss) für den selbst genutzten Wohnraum geleistet.

§ 2 Wohnraum

Wohnraum sind Räume, die vom Verfügungsberechtigten zum Wohnen bestimmt und hierfür nach ihrer baulichen Anlage und Ausstattung tatsächlich geeignet sind.

§ 3 Wohngeldberechtigung

(1) Wohngeldberechtigte Person ist für den Mietzuschuss jede natürliche Person, die Wohnraum gemietet hat und diesen selbst nutzt. Ihr gleichgestellt sind

1. die nutzungsberechtigte Person des Wohnraums bei einem dem Mietverhältnis ähnlichen Nutzungsverhältnis (zur mietähnlichen Nutzung berechtigte Person), insbesondere die Person, die ein mietähnliches Dauerwohnrecht hat,

2. die Person, die Wohnraum im eigenen Haus, das mehr als zwei Wohnungen hat, bewohnt, und

3. die Person, die in einem Heim im Sinne des Heimgesetzes oder entsprechender Gesetze der Länder nicht nur vorübergehend aufgenommen ist.

(2) Wohngeldberechtigte Person ist für den Lastenzuschuss jede natürliche Person, die Eigentum an selbst genutztem Wohnraum hat. Ihr gleichgestellt sind

1. die erbbauberechtigte Person,

2. die Person, die ein eigentumsähnliches Dauerwohnrecht, ein Wohnungsrecht oder einen Nießbrauch innehat, und

3. die Person, die einen Anspruch auf Bestellung oder Übertragung des Eigentums, des Erbbaurechts, des eigentumsähnlichen Dauerwohnrechts, des Wohnungsrechts oder des Nießbrauchs hat.

Die Sätze 1 und 2 gelten nicht im Fall des Absatzes 1 Satz 2 Nr. 2.

(3) Erfüllen mehrere Personen für denselben Wohnraum die Voraussetzungen des Absatzes 1 oder des Absatzes 2 und sind sie zugleich Haushaltsmitglieder (§ 5), ist nur eine dieser Personen

wohngeldberechtigt. In diesem Fall bestimmen diese Personen die wohngeldberechtigte Person.

(4) Wohngeldberechtigt ist nach Maßgabe der Absätze 1 bis 3 auch, wer zwar nach den §§ 7 und 8 Abs. 1 vom Wohngeld ausgeschlossen ist, aber mit mindestens einem zu berücksichtigenden Haushaltsmitglied (§ 6) Wohnraum gemeinsam bewohnt.

(5) Ausländer im Sinne des § 2 Abs. 1 des Aufenthaltsgesetzes (ausländische Personen) sind nach Maßgabe der Absätze 1 bis 4 nur wohngeldberechtigt, wenn sie sich im Bundesgebiet tatsächlich aufhalten und

1. ein Aufenthaltsrecht nach dem Freizügigkeitsgesetz/EU haben,

2. einen Aufenthaltstitel oder eine Duldung nach dem Aufenthaltsgesetz haben,

3. ein Recht auf Aufenthalt nach einem völkerrechtlichen Abkommen haben,

4. eine Aufenthaltsgestattung nach dem Asylgesetz haben,

5. die Rechtsstellung eines heimatlosen Ausländers im Sinne des Gesetzes über die Rechtsstellung heimatloser Ausländer im Bundesgebiet haben oder

6. auf Grund einer Rechtsverordnung vom Erfordernis eines Aufenthaltstitels befreit sind.

Nicht wohngeldberechtigt sind ausländische Personen, die durch eine völkerrechtliche Vereinbarung von der Anwendung deutscher Vorschriften auf dem Gebiet der sozialen Sicherheit befreit sind.

Teil 2
Berechnung und Höhe des Wohngeldes

Kapitel 1
Berechnungsgrößen des Wohngeldes

§ 4 Berechnungsgrößen des Wohngeldes

Das Wohngeld richtet sich nach

1. der Anzahl der zu berücksichtigenden Haushaltsmitglieder (§§ 5 bis 8),

2. der zu berücksichtigenden Miete oder Belastung (§§ 9 bis 12) und

3. dem Gesamteinkommen (§§ 13 bis 18)

und ist nach § 19 zu berechnen.

Kapitel 2
Haushaltsmitglieder

§ 5 Haushaltsmitglieder

(1) Haushaltsmitglied ist die wohngeldberechtigte Person, wenn der Wohnraum, für den sie Wohngeld

beantragt, der Mittelpunkt ihrer Lebensbeziehungen ist. Haushaltsmitglied ist auch, wer

1. als Ehegatte eines Haushaltsmitgliedes von diesem nicht dauernd getrennt lebt,

2. als Lebenspartner oder Lebenspartnerin eines Haushaltsmitgliedes von diesem nicht dauernd getrennt lebt,

3. mit einem Haushaltsmitglied so zusammenlebt, dass nach verständiger Würdigung der wechselseitige Wille anzunehmen ist, Verantwortung füreinander zu tragen und füreinander einzustehen,

4. mit einem Haushaltsmitglied in gerader Linie oder zweiten oder dritten Grades in der Seitenlinie verwandt oder verschwägert ist,

5. ohne Rücksicht auf das Alter Pflegekind eines Haushaltsmitgliedes ist,

6. Pflegemutter oder Pflegevater eines Haushaltsmitgliedes ist

und mit der wohngeldberechtigten Person den Wohnraum, für den Wohngeld beantragt wird, gemeinsam bewohnt, wenn dieser Wohnraum der jeweilige Mittelpunkt der Lebensbeziehungen ist.

(2) Ein wechselseitiger Wille, Verantwortung füreinander zu tragen und füreinander einzustehen, wird vermutet, wenn mindestens eine der Voraussetzungen nach den Nummern 1 bis 4 des § 7 Abs. 3a des Zweiten Buches Sozialgesetzbuch erfüllt ist.

(3) Ausländische Personen sind nur Haushaltsmitglieder nach Absatz 1 Satz 2, wenn sie die Voraussetzungen der Wohngeldberechtigung nach § 3 Abs. 5 erfüllen.

(4) Betreuen nicht nur vorübergehend getrennt lebende Eltern ein Kind oder mehrere Kinder zu annähernd gleichen Teilen, ist jedes dieser Kinder bei beiden Elternteilen Haushaltsmitglied. Gleiches gilt bei einer Aufteilung der Betreuung bis zu einem Verhältnis von mindestens einem Drittel zu zwei Dritteln je Kind. Betreuen die Eltern mindestens zwei Kinder nicht in einem Verhältnis nach Satz 1 oder 2, ist bei dem Elternteil mit dem geringeren Betreuungsanteil nur das jüngste dieser Kinder Haushaltsmitglied. Für Pflegekinder und Pflegeeltern gelten die Sätze 1 bis 3 entsprechend.

§ 6 Zu berücksichtigende Haushaltsmitglieder

(1) Bei der Berechnung des Wohngeldes sind vorbehaltlich des Absatzes 2 und der §§ 7 und 8 sämtliche Haushaltsmitglieder zu berücksichtigen (zu berücksichtigende Haushaltsmitglieder).

(2) Stirbt ein zu berücksichtigendes Haushaltsmitglied, ist dies für die Dauer von zwölf Monaten nach dem Sterbemonat ohne Einfluss auf die bisher maßgebende Anzahl der zu berücksichtigenden

Haushaltsmitglieder. Satz 1 ist nicht mehr anzuwenden, wenn nach dem Todesfall

1. die Wohnung aufgegeben wird,

2. die Zahl der zu berücksichtigenden Haushaltsmitglieder sich mindestens auf den Stand vor dem Todesfall erhöht oder

3. der auf den Verstorbenen entfallende Anteil der Kosten der Unterkunft in einer Leistung nach § 7 Abs. 1 mindestens teilweise berücksichtigt wird.

§ 7 Ausschluss vom Wohngeld

(1) Vom Wohngeld ausgeschlossen sind Empfänger und Empfängerinnen von

1. Arbeitslosengeld II und Sozialgeld nach dem Zweiten Buch Sozialgesetzbuch, auch in den Fällen des § 25 Zweiten Buches Sozialgesetzbuch,

2. Zuschüssen nach § 27 Absatz 3 des Zweiten Buches Sozialgesetzbuch,

3. Übergangsgeld in Höhe des Betrages des Arbeitslosengeldes II nach § 21 Abs. 4 Satz 1 des Sechsten Buches Sozialgesetzbuch,

4. Verletztengeld in Höhe des Betrages des Arbeitslosengeldes II nach § 47 Abs. 2 des Siebten Buches Sozialgesetzbuch,

5. Grundsicherung im Alter und bei Erwerbsminderung nach dem Zwölften Buch Sozialgesetzbuch,

6. Hilfe zum Lebensunterhalt nach dem Zwölften Buch Sozialgesetzbuch,

7. a) ergänzender Hilfe zum Lebensunterhalt oder
   b) anderen Hilfen in einer stationären Einrichtung, die den Lebensunterhalt umfassen,

nach dem Bundesversorgungsgesetz oder nach einem Gesetz, das dieses für anwendbar erklärt,

8. Leistungen in besonderen Fällen und Grundleistungen nach dem Asylbewerberleistungsgesetz oder

9. Leistungen nach dem Achten Buch Sozialgesetzbuch in Haushalten, zu denen ausschließlich Personen gehören, die diese Leistungen empfangen,

wenn bei deren Berechnung Kosten der Unterkunft berücksichtigt worden sind (Leistungen). Der Ausschluss besteht in den Fällen des Satzes 1 Nr. 3 und 4, wenn bei der Berechnung des Arbeitslosengeldes II Kosten der Unterkunft berücksichtigt worden sind. Der Ausschluss besteht nicht, wenn

1. die Leistungen nach den Sätzen 1 und 2 ausschließlich als Darlehen gewährt werden oder

2. durch Wohngeld die Hilfebedürftigkeit im Sinne des § 9 des Zweiten Buches Sozialgesetzbuch, des § 19 Abs. 1 und 2 des Zwölften Buches So-

zialgesetzbuch oder des § 27a des Bundesversorgungsgesetzes vermieden oder beseitigt werden kann und

a) die Leistungen nach Satz 1 Nr. 1 bis 7 während der Dauer des Verwaltungsverfahrens zur Feststellung von Grund und Höhe dieser Leistungen noch nicht erbracht worden sind oder

b) der zuständige Träger eine der in Satz 1 Nr. 1 bis 7 genannten Leistungen als nachrangig verpflichteter Leistungsträger nach § 104 des Zehnten Buches Sozialgesetzbuch erbringt.

(2) Ausgeschlossen sind auch Haushaltsmitglieder, die in

1. § 7 Abs. 3 des Zweiten Buches Sozialgesetzbuch, auch in den Fällen des Übergangs- oder Verletztengeldes nach Absatz 1 Satz 1 Nr. 3 und 4 bei der Berechnung des Arbeitslosengeldes II,

2. § 19 Abs. 1 und 4 sowie den §§ 20 und 43 Abs. 1 des Zwölften Buches Sozialgesetzbuch,

3. § 27a Satz 2 des Bundesversorgungsgesetzes in Verbindung mit § 19 Abs. 1 des Zwölften Buches Sozialgesetzbuch oder

4. § 1 Abs. 1 Nr. 6 des Asylbewerberleistungsgesetzes

genannt und bei der gemeinsamen Ermittlung ihres Bedarfs oder nach § 43 Abs. 1 des Zwölften Buches Sozialgesetzbuch bei der Ermittlung der Leistung nach Absatz 1 Satz 1 Nr. 5 berücksichtigt worden sind. Der Ausschluss besteht nicht, wenn

1. die Leistungen nach Absatz 1 Satz 1 und 2 ausschließlich als Darlehen gewährt werden oder

2. die Voraussetzungen des Absatzes 1 Satz 3 Nr. 2 vorliegen.

(3) Ausgeschlossen sind auch Haushaltsmitglieder, deren Leistungen nach Absatz 1 auf Grund einer Sanktion vollständig weggefallen sind.

§ 8 Dauer des Ausschlusses vom Wohngeld und Verzicht auf Leistungen

(1) Der Ausschluss vom Wohngeld besteht vorbehaltlich des § 7 Abs. 1 Satz 3 Nr. 2 und Abs. 2 Satz 2 Nr. 2 für die Dauer des Verwaltungsverfahrens zur Feststellung von Grund und Höhe der Leistungen nach § 7 Abs. 1. Der Ausschluss besteht vorbehaltlich des § 7 Abs. 1 Satz 3 Nr. 2 und Abs. 2 Satz 2 Nr. 2

1. nach der Antragstellung auf eine Leistung nach § 7 Abs. 1 ab dem Ersten

a) des Monats, für den der Antrag gestellt worden ist, oder

b) des nächsten Monats, wenn die Leistung nach § 7 Abs. 1 nicht vom Ersten eines Monats an beantragt wird,

2. nach der Bewilligung einer Leistung nach § 7 Abs. 1 ab dem Ersten

a) des Monats, für den die Leistung nach § 7 Abs. 1 bewilligt wird, oder

b) des nächsten Monats, wenn die Leistung nach § 7 Abs. 1 nicht vom Ersten eines Monats an bewilligt wird,

3. bis zum Letzten

a) des Monats, wenn die Leistung nach § 7 Abs. 1 bis zum Letzten eines Monats bewilligt wird, oder

b) des Vormonats, wenn die Leistung nach § 7 Abs. 1 nicht bis zum Letzten eines Monats bewilligt wird.

Der Ausschluss gilt für den Zeitraum als nicht erfolgt, für den

1. der Antrag auf eine Leistung nach § 7 Absatz 1 zurückgenommen wird,

2. die Leistung nach § 7 Absatz 1 abgelehnt, versagt, entzogen oder ausschließlich als Darlehen gewährt wird,

3. der Bewilligungsbescheid über eine Leistung nach § 7 Absatz 1 zurückgenommen oder aufgehoben wird,

4. der Anspruch auf eine Leistung nach § 7 Absatz 1 nachträglich im Sinne des § 103 Absatz 1 des Zehnten Buches Sozialgesetzbuch ganz entfallen ist oder nach § 104 Absatz 1 oder 2 des Zehnten Buches Sozialgesetzbuch oder nach § 40a des Zweiten Buches Sozialgesetzbuch nachrangig ist oder

5. die Leistung nach § 7 Absatz 1 nachträglich durch den Übergang eines Anspruchs in vollem Umfang erstattet wird.

(2) Verzichten Haushaltsmitglieder auf die Leistungen nach § 7 Abs. 1, um Wohngeld zu beantragen, gilt ihr Ausschluss vom Zeitpunkt der Wirkung des Verzichts an als nicht erfolgt; § 46 Abs. 2 des Ersten Buches Sozialgesetzbuch ist in diesem Fall nicht anzuwenden.

Kapitel 3
Miete und Belastung

§ 9 Miete

(1) Miete ist das vereinbarte Entgelt für die Gebrauchsüberlassung von Wohnraum auf Grund von Mietverträgen oder ähnlichen Nutzungsverhältnissen einschließlich Umlagen, Zuschlägen und Vergütungen.

(2) Bei der Ermittlung der Miete nach Absatz 1 bleiben folgende Kosten und Vergütungen außer Betracht:

1. Heizkosten und Kosten für die Erwärmung von Wasser,
2. Kosten der eigenständig gewerblichen Lieferung von Wärme und Warmwasser, soweit sie den in Nummer 1 bezeichneten Kosten entsprechen,
3. die Kosten der Haushaltsenergie, soweit sie nicht von den Nummern 1 und 2 erfasst sind,
4. Vergütungen für die Überlassung einer Garage sowie eines Stellplatzes für Kraftfahrzeuge.

Ergeben sich diese Beträge nicht aus dem Mietvertrag oder entsprechenden Unterlagen, sind Pauschbeträge abzusetzen.

(3) Im Fall des § 3 Abs. 1 Satz 2 Nr. 2 ist als Miete der Mietwert des Wohnraums zu Grunde zu legen. Im Fall des § 3 Abs. 1 Satz 2 Nr. 3 ist als Miete der Höchstbetrag nach § 12 Abs. 1 zu Grunde zu legen.

§ 10 Belastung

(1) Belastung sind die Kosten für den Kapitaldienst und die Bewirtschaftung von Wohnraum in vereinbarter oder festgesetzter Höhe.

(2) Die Belastung ist von der Wohngeldbehörde (§ 24 Abs. 1 Satz 1) in einer Wohngeld-Lastenberechnung zu ermitteln. Von einer vollständigen Wohngeld-Lastenberechnung kann abgesehen werden, wenn die auf den Wohnraum entfallende Belastung aus Zinsen und Tilgungen den nach § 12 Abs. 1 maßgebenden Höchstbetrag erreicht oder übersteigt.

§ 11 Zu berücksichtigende Miete und Belastung

(1) Bei der Berechnung des Wohngeldes ist die Miete oder Belastung zu berücksichtigen, die sich nach § 9 oder § 10 ergibt, soweit sie nicht nach den Absätzen 2 und 3 in dieser Berechnungsreihenfolge außer Betracht bleibt, jedoch nur bis zum Höchstbetrag nach § 12 Absatz 1. Im Fall des § 3 Absatz 1 Satz 2 Nummer 3 ist der Höchstbetrag nach § 12 Absatz 1 zu berücksichtigen.

(2) Die Miete oder Belastung, die sich nach § 9 oder § 10 ergibt, bleibt in folgender Berechnungsreihenfolge und zu dem Anteil außer Betracht,
1. der auf den Teil des Wohnraums entfällt, der ausschließlich gewerblich oder beruflich genutzt wird;
2. der auf den Teil des Wohnraums entfällt, der einer Person, die kein Haushaltsmitglied ist, entgeltlich oder unentgeltlich zum Gebrauch überlassen ist; übersteigt das Entgelt für die Gebrauchsüberlassung die auf diesen Teil des Wohnraums entfallende Miete oder Belastung, ist das Entgelt in voller Höhe abzuziehen;
3. der dem Anteil einer entgeltlich oder unentgeltlich mitbewohnenden Person, die kein Haushaltsmitglied ist, aber deren Mittelpunkt der Lebensbeziehungen der Wohnraum ist und die

nicht selbst die Voraussetzungen des § 3 Abs. 1 oder Abs. 2 erfüllt, an der Gesamtzahl der Bewohner und Bewohnerinnen entspricht; übersteigt das Entgelt der mitbewohnenden Person die auf diese entfallende Miete oder Belastung, ist das Entgelt in voller Höhe abzuziehen;
4. der durch Leistungen aus öffentlichen Haushalten oder Zweckvermögen, insbesondere Leistungen zur Wohnkostenentlastung nach dem Zweiten Wohnungsbaugesetz, dem Wohnraumförderungsgesetz oder entsprechenden Gesetzen der Länder, an den Mieter oder den selbst nutzenden Eigentümer zur Senkung der Miete oder Belastung gedeckt wird, soweit die Leistungen nicht von § 14 Abs. 2 Nr. 30 erfasst sind;
5. der durch Leistungen einer nach § 68 des Aufenthaltsgesetzes verpflichteten Person gedeckt wird, die ein zu berücksichtigendes Haushaltsmitglied zur Bezahlung der Miete oder Aufbringung der Belastung erhält.

(3) Ist mindestens ein Haushaltsmitglied vom Wohngeld ausgeschlossen, ist nur der Anteil der Miete oder Belastung zu berücksichtigen, der dem Anteil der zu berücksichtigenden Haushaltsmitglieder an der Gesamtzahl der Haushaltsmitglieder entspricht. In diesem Fall ist nur der Anteil des Höchstbetrages nach § 12 Absatz 1 zu berücksichtigen, der dem Anteil der zu berücksichtigenden Haushaltsmitglieder an der Gesamtzahl der Haushaltsmitglieder entspricht; die Gesamtzahl der Haushaltsmitglieder ist für die Ermittlung des Höchstbetrages maßgebend.

§ 12 Höchstbeträge für Miete und Belastung

(1) Die folgenden monatlichen Höchstbeträge für Miete und Belastung sind vorbehaltlich des § 11 Abs. 3 nach der Anzahl der zu berücksichtigenden Haushaltsmitglieder und nach der Mietenstufe zu berücksichtigen:

Anzahl der zu berücksichtigenden Haushaltsmitglieder	Mietenstufe	Höchstbetrag in Euro
1	I	312
	II	351
	III	390
	IV	434
	V	482
	VI	522
2	I	378
	II	425
	III	473
	IV	526
	V	584
	VI	633

Anzahl der zu berücksichtigenden Haushaltsmitglieder	Mietenstufe	Höchstbetrag in Euro
3	I	450
	II	506
	III	563
	IV	626
	V	695
	VI	753
4	I	525
	II	591
	III	656
	IV	730
	V	811
	VI	879
5	I	600
	II	675
	III	750
	IV	834
	V	927
	VI	1004
Mehrbetrag für jedes weitere zuberücksichtigende Haushaltsmitglied	I	71
	II	81
	III	91
	IV	101
	V	111
	VI	126

(2) Die Zugehörigkeit einer Gemeinde zu einer Mietenstufe richtet sich nach dem Mietenniveau von Wohnraum der Hauptmieter und Hauptmieterinnen sowie der gleichzustellenden zur mietähnlichen Nutzung berechtigten Personen, für den Mietzuschuss geleistet wird. Das Mietenniveau ist die durchschnittliche prozentuale Abweichung der Quadratmetermieten von Wohnraum in Gemeinden vom Durchschnitt der Quadratmetermieten des Wohnraums im Bundesgebiet. Zu berücksichtigen sind nur Quadratmetermieten von Wohnraum im Sinne des Satzes 1.

(3) Das Mietenniveau ist vom Statistischen Bundesamt festzustellen für Gemeinden mit

1. einer Einwohnerzahl von 10 000 und mehr gesondert,

2. einer Einwohnerzahl von weniger als 10 000 und gemeindefreie Gebiete nach Kreisen zusammengefasst.

Maßgebend für die Zuordnung nach Satz 1 ist die Einwohnerzahl, die auf der Grundlage von § 5 des Bevölkerungsstatistikgesetzes fortgeschrieben wurde.

(4) Das Mietenniveau wird vom Statistischen Bundesamt bei einer Anpassung der Höchstbeträge nach Absatz 1 auf der Grundlage von zwei aufeinanderfolgenden Ergebnissen der jährlichen Wohngeldstatistik für Dezember (§ 36 Absatz 1 Satz 2 Nummer 2) festgestellt. Es ist ein bundesweit einheitlicher Stichtag für die Ergebnisse der Bevölkerungsstatistik zu Grunde zu legen.

(5) Den Mietenstufen nach Absatz 1 sind folgende Mietenniveaus zugeordnet:

Mietenstufe	Mietenniveau
I	niedriger als minus 15 Prozent
II	minus 15 Prozent bis niedriger als minus 5 Prozent
III	minus 5 Prozent bis niedriger als 5 Prozent
IV	5 Prozent bis niedriger als 15 Prozent
V	15 Prozent bis niedriger als 25 Prozent
VI	25 Prozent und höher

Kapitel 4
Einkommen

§ 13 Gesamteinkommen

(1) Das Gesamteinkommen ist die Summe der Jahreseinkommen (§ 14) der zu berücksichtigenden Haushaltsmitglieder abzüglich der Freibeträge (§ 17) und der Abzugsbeträge für Unterhaltsleistungen (§ 18).

(2) Das monatliche Gesamteinkommen ist ein Zwölftel des Gesamteinkommens.

§ 14 Jahreseinkommen

(1) Das Jahreseinkommen eines zu berücksichtigenden Haushaltsmitgliedes ist vorbehaltlich des Absatzes 2 die Summe der positiven Einkünfte im Sinne des § 2 Abs. 1 und 2 des Einkommensteuergesetzes zuzüglich der Einnahmen nach Absatz 2 abzüglich der Abzugsbeträge für Steuern und Sozialversicherungsbeiträge (§ 16). Bei den Einkünften im Sinne des § 2 Abs. 1 Satz 1 Nr. 1 bis 3 des Einkommensteuergesetzes ist § 7g Abs. 1 bis 4 und 7 des Einkommensteuergesetzes nicht anzuwenden. Von den Einkünften aus nichtselbstständiger Arbeit, die nach dem Einkommensteuergesetz vom Arbeitgeber pauschal besteuert werden, zählen zum Jahreseinkommen nur

1. die nach § 37b des Einkommensteuergesetzes pauschal besteuerten Sachzuwendungen und

2. der nach § 40a des Einkommensteuergesetzes pauschal besteuerte Arbeitslohn und das pauschal besteuerte Arbeitsentgelt, jeweils abzüglich der Aufwendungen zu dessen Erwerbung, Sicherung oder Erhaltung, höchstens jedoch bis zur Höhe dieser Einnahmen.

Ein Ausgleich mit negativen Einkünften aus anderen Einkunftsarten oder mit negativen Einkünften des zusammenveranlagten Ehegatten ist nicht zulässig.

(2) Zum Jahreseinkommen gehören:

1. der nach § 19 Abs. 2 und § 22 Nr. 4 Satz 4 Buchstabe b des Einkommensteuergesetzes steuerfreie Betrag von Versorgungsbezügen;

2. die einkommensabhängigen, nach § 3 Nr. 6 des Einkommensteuergesetzes steuerfreien Bezüge, die auf Grund gesetzlicher Vorschriften aus öffentlichen Mitteln versorgungshalber an Wehrdienstbeschädigte, im freiwilligen Wehrdienst Beschädigte, Zivildienstbeschädigte und im Bundesfreiwilligendienst Beschädigte oder ihre Hinterbliebenen, Kriegsbeschädigte und Kriegshinterbliebene sowie ihnen gleichgestellte Personen gezahlt werden;

3. die den Ertragsanteil oder den der Besteuerung unterliegenden Anteil nach § 22 Nr. 1 Satz 3 Buchstabe a des Einkommensteuergesetzes übersteigenden Teile von Leibrenten;

4. die nach § 3 Nr. 3 des Einkommensteuergesetzes steuerfreien
   a) Rentenabfindungen,
   b) Beitragserstattungen,
   c) Leistungen aus berufsständischen Versorgungseinrichtungen,
   d) Kapitalabfindungen,
   e) Ausgleichszahlungen;

5. die nach § 3 Nr. 1 Buchstabe a des Einkommensteuergesetzes steuerfreien
   a) Renten wegen Minderung der Erwerbsfähigkeit nach den §§ 56 bis 62 des Siebten Buches Sozialgesetzbuch,
   b) Renten und Beihilfen an Hinterbliebene nach den §§ 63 bis 71 des Siebten Buches Sozialgesetzbuch,
   c) Abfindungen nach den §§ 75 bis 80 des Siebten Buches Sozialgesetzbuch;

6. die Lohn- und Einkommensersatzleistungen nach § 32b Absatz 1 Satz 1 Nummer 1 des Einkommensteuergesetzes; § 10 des Bundeselterngeld- und Elternzeitgesetzes bleibt unberührt;

7. die ausländischen Einkünfte nach § 32b Absatz 1 Satz 1 Nummer 2 bis 5 sowie Satz 2 und 3 des Einkommensteuergesetzes;

8. die Hälfte der nach § 3 Nr. 7 des Einkommensteuergesetzes steuerfreien
   a) Unterhaltshilfe nach den §§ 261 bis 278a des Lastenausgleichsgesetzes,
   b) Beihilfe zum Lebensunterhalt nach den §§ 301 bis 301b des Lastenausgleichsgesetzes,

   c) Unterhaltshilfe nach § 44 und Unterhaltsbeihilfe nach § 45 des Reparationsschädengesetzes,
   d) Beihilfe zum Lebensunterhalt nach den §§ 10 bis 15 des Flüchtlingshilfegesetzes,
   mit Ausnahme der Pflegezulage nach § 269 Abs. 2 des Lastenausgleichsgesetzes;

9. die nach § 3 Nr. 1 Buchstabe a des Einkommensteuergesetzes steuerfreien Krankentagegelder;

10. die Hälfte der nach § 3 Nr. 68 des Einkommensteuergesetzes steuerfreien Renten nach § 3 Abs. 2 des Anti-D-Hilfegesetzes;

11. die nach § 3b des Einkommensteuergesetzes steuerfreien Zuschläge für Sonntags-, Feiertags- oder Nachtarbeit;

12. (weggefallen)

13. (weggefallen)

14. die nach § 3 Nr. 56 des Einkommensteuergesetzes steuerfreien Zuwendungen des Arbeitgebers an eine Pensionskasse und die nach § 3 Nr. 63 des Einkommensteuergesetzes steuerfreien Beiträge des Arbeitgebers an einen Pensionsfonds, eine Pensionskasse oder für eine Direktversicherung zum Aufbau einer kapitalgedeckten betrieblichen Altersversorgung;

15. der nach § 20 Abs. 9 des Einkommensteuergesetzes steuerfreie Betrag (Sparer-Pauschbetrag), soweit die Kapitalerträge 100 Euro übersteigen;

16. die auf erhöhte Absetzungen entfallenden Beträge, soweit sie die höchstmöglichen Absetzungen für Abnutzung nach § 7 des Einkommensteuergesetzes übersteigen, und die auf Sonderabschreibungen entfallenden Beträge;

17. der nach § 3 Nr. 27 des Einkommensteuergesetzes steuerfreie Grundbetrag der Produktionsaufgaberente und das Ausgleichsgeld nach dem Gesetz zur Förderung der Einstellung der landwirtschaftlichen Erwerbstätigkeit;

18. die nach § 3 Nr. 60 des Einkommensteuergesetzes steuerfreien Leistungen aus öffentlichen Mitteln an Arbeitnehmer des Steinkohlen-, Pechkohlen- und Erzbergbaues, des Braunkohlentiefbaues und der Eisen- und Stahlindustrie aus Anlass von Stilllegungs-, Einschränkungs-, Umstellungs- oder Rationalisierungsmaßnahmen;

19. die nach § 22 Nr. 1 Satz 2 des Einkommensteuergesetzes dem Empfänger nicht zuzurechnenden Bezüge, die ihm oder ihr von einer Person, die kein Haushaltsmitglied ist, gewährt werden, mit Ausnahme der Bezüge bis zu einer Höhe von

4800 Euro jährlich, die für eine Pflegeperson oder Pflegekraft geleistet werden, die den Empfänger oder die Empfängerin wegen eigener Pflegebedürftigkeit im Sinne des § 14 des Elften Buches Sozialgesetzbuch pflegt; dies gilt entsprechend, wenn anstelle von wiederkehrenden Unterhaltsleistungen Unterhaltsleistungen als Einmalbetrag gewährt werden;

20. a) die Unterhaltsleistungen des geschiedenen oder dauernd getrennt lebenden Ehegatten, mit Ausnahme der Unterhaltsleistungen bis zu einer Höhe von 4800 Euro jährlich, die für eine Pflegeperson oder Pflegekraft geleistet werden, die den Empfänger oder die Empfängerin wegen eigener Pflegebedürftigkeit im Sinne des § 14 des Elften Buches Sozialgesetzbuch pflegt;

   b) die Versorgungsleistungen, die Leistungen auf Grund eines schuldrechtlichen Versorgungsausgleichs und Ausgleichsleistungen zur Vermeidung eines Versorgungsausgleichs,

   soweit diese Leistungen nicht von § 22 Nummer 1a des Einkommensteuergesetzes erfasst sind;

21. die Leistungen nach dem Unterhaltsvorschussgesetz;

22. die Leistungen von Personen, die keine Haushaltsmitglieder sind, zur Bezahlung der Miete oder Aufbringung der Belastung, soweit die Leistungen nicht von Absatz 1 Satz 1, von Nummer 19 oder Nummer 20 erfasst sind;

23. (weggefallen)

24. die Hälfte der Pauschale für die laufenden Leistungen für den notwendigen Unterhalt ohne die Kosten der Erziehung von Kindern, Jugendlichen oder jungen Volljährigen nach § 39 Abs. 1 in Verbindung mit § 33 oder mit § 35a Abs. 2 Nr. 3, auch in Verbindung mit § 41 Abs. 2 des Achten Buches Sozialgesetzbuch, als Einkommen des Kindes, Jugendlichen oder jungen Volljährigen;

25. die Hälfte der Pauschale für die laufenden Leistungen für die Kosten der Erziehung von Kindern, Jugendlichen oder jungen Volljährigen nach § 39 Abs. 1 in Verbindung mit § 33 oder mit § 35a Abs. 2 Nr. 3, auch in Verbindung mit § 41 Abs. 2 des Achten Buches Sozialgesetzbuch, als Einkommen der Pflegeperson;

26. die Hälfte der nach § 3 Nr. 36 des Einkommensteuergesetzes steuerfreien Einnahmen für Leistungen zur Grundpflege oder hauswirtschaftlichen Versorgung einer Person, die kein Haushaltsmitglied ist;

27. die Hälfte der als Zuschüsse erbrachten

   a) Leistungen zur Förderung der Ausbildung nach dem Bundesausbildungsförderungsgesetz, mit Ausnahme der Leistungen nach § 14a des Bundesausbildungsförderungsgesetzes in Verbindung mit den §§ 6 und 7 der Verordnung über Zusatzleistungen in Härtefällen nach dem Bundesausbildungsförderungsgesetz und mit Ausnahme des Kinderbetreuungszuschlages nach Maßgabe des § 14b des Bundesausbildungsförderungsgesetzes,

   b) Leistungen der Begabtenförderungswerke, soweit sie nicht von Nummer 28 erfasst sind,

   c) Stipendien, soweit sie nicht von Buchstabe b, Nummer 28 oder Nummer 29 erfasst sind,

   d) Berufsausbildungsbeihilfen und des Ausbildungsgeldes nach dem Dritten Buch Sozialgesetzbuch,

   e) Beiträge zur Deckung des Unterhaltsbedarfs nach dem Aufstiegsfortbildungsförderungsgesetz,

   f) Leistungen zur Sicherung des Lebensunterhaltes während des ausbildungsbegleitenden Praktikums oder der betrieblichen Berufsausbildung bei Teilnahme am Sonderprogramm Förderung der beruflichen Mobilität von ausbildungsinteressierten Jugendlichen und arbeitslosen jungen Fachkräften aus Europa;

28. die als Zuschuss gewährte Graduiertenförderung;

29. die Hälfte der nach § 3 Nr. 42 des Einkommensteuergesetzes steuerfreien Zuwendungen, die auf Grund des Fulbright-Abkommens gezahlt werden;

30. die wiederkehrenden Leistungen nach § 7 Absatz 1 Satz 1 Nummer 1 bis 9, auch wenn bei deren Berechnung die Kosten der Unterkunft nicht berücksichtigt worden sind, mit Ausnahme

   a) der darin enthaltenen Kosten der Unterkunft, wenn diese nicht für den Wohnraum gewährt werden, für den Wohngeld beantragt wurde,

   b) der von Nummer 24 oder Nummer 25 erfassten Leistungen,

   c) des Sozialgeldes, das ein zu berücksichtigendes Kind als Mitglied der Bedarfsgemeinschaft im Haushalt des getrennt lebenden anderen Elternteils anteilig erhält,

   d) der Hilfe zum Lebensunterhalt, das ein nach dem Dritten Kapitel des Zwölften Buches

Sozialgesetzbuch leistungsberechtigtes Kind im Haushalt des getrennt lebenden Elternteils anteilig erhält, oder

e) der Leistungen, die in den Fällen des § 7 Absatz 1 Satz 3 oder Absatz 2 Satz 2 erbracht werden, in denen kein Ausschluss vom Wohngeld besteht;

31. der Mietwert des von den in § 3 Abs. 1 Satz 2 Nr. 2 genannten Personen selbst genutzten Wohnraums.

(3) Zum Jahreseinkommen gehören nicht:

1. Einkünfte aus Vermietung oder Verpachtung eines Teils des Wohnraums, für den Wohngeld beantragt wird;

2. das Entgelt, das eine den Wohnraum mitbewohnende Person im Sinne des § 11 Abs. 2 Nr. 3 hierfür zahlt;

3. Leistungen einer nach § 68 des Aufenthaltsgesetzes verpflichteten Person, soweit sie von § 11 Abs. 2 Nr. 5 erfasst sind.

§ 15 Ermittlung des Jahreseinkommens

(1) Bei der Ermittlung des Jahreseinkommens ist das Einkommen zu Grunde zu legen, das im Zeitpunkt der Antragstellung im Bewilligungszeitraum zu erwarten ist. Hierzu können die Verhältnisse vor dem Zeitpunkt der Antragstellung herangezogen werden; § 24 Abs. 2 bleibt unberührt.

(2) Einmaliges Einkommen, das für einen bestimmten Zeitraum bezogen wird, ist diesem Zeitraum zuzurechnen. Ist kein Zurechnungszeitraum festgelegt oder vereinbart, so ist das einmalige Einkommen jeweils zu einem Drittel in den drei Jahren nach dem Zuflussmonat zuzurechnen. Ist das einmalige Einkommen vor der Antragstellung zugeflossen, ist es nur dann nach Satz 1 oder Satz 2 zuzurechnen, wenn es innerhalb von drei Jahren vor der Antragstellung zugeflossen ist.

(3) Sonderzuwendungen, Gratifikationen und gleichartige Bezüge und Vorteile, die in größeren als monatlichen Abständen gewährt werden, sind den im Bewilligungszeitraum liegenden Monaten zu je einem Zwölftel zuzurechnen, wenn sie in den nächsten zwölf Monaten nach Beginn des Bewilligungszeitraums zufließen.

(4) Beträgt der Bewilligungszeitraum nicht zwölf Monate, ist als Einkommen das Zwölffache des im Sinne der Absätze 1 bis 3 und des § 24 Abs. 2 im Bewilligungszeitraum zu erwartenden durchschnittlichen monatlichen Einkommens zu Grunde zu legen.

§ 16 Abzugsbeträge für Steuern und Sozialversicherungsbeiträge

Bei der Ermittlung des Jahreseinkommens sind von dem Betrag, der sich nach den §§ 14 und 15 ergibt, jeweils 10 Prozent abzuziehen, wenn zu erwarten ist, dass im Bewilligungszeitraum die folgenden Steuern und Pflichtbeiträge zu leisten sind:

1. Steuern vom Einkommen,

2. Pflichtbeiträge zur gesetzlichen Kranken- und Pflegeversicherung,

3. Pflichtbeiträge zur gesetzlichen Rentenversicherung.

Satz 1 Nummer 2 und 3 gilt entsprechend, wenn keine Pflichtbeiträge, aber laufende Beiträge zu öffentlichen oder privaten Versicherungen oder ähnlichen Einrichtungen zu leisten sind, die dem Zweck der Pflichtbeiträge nach Satz 1 Nummer 2 oder Nummer 3 entsprechen. Satz 2 gilt auch, wenn die Beiträge zu Gunsten eines zu berücksichtigenden Haushaltsmitgliedes zu leisten sind. Die Sätze 2 und 3 gelten nicht, wenn eine im Wesentlichen beitragsfreie Sicherung oder eine Sicherung besteht, für die Beiträge von Dritten zu leisten sind. Die Sätze 1 und 2 gelten bei einmaligem Einkommen im Sinne des § 15 Absatz 2 in jedem Jahr der Zurechnung entsprechend.

§ 17 Freibeträge

Bei der Ermittlung des Gesamteinkommens sind die folgenden jährlichen Freibeträge abzuziehen:

1. 1500 Euro für jedes schwerbehinderte zu berücksichtigende Haushaltsmitglied mit einem Grad der Behinderung

a) von 100 oder

b) von unter 100 bei Pflegebedürftigkeit im Sinne des § 14 des Elften Buches Sozialgesetzbuch und gleichzeitiger häuslicher oder teilstationärer Pflege oder Kurzzeitpflege;

2. 750 Euro für jedes zu berücksichtigende Haushaltsmitglied, das Opfer der nationalsozialistischen Verfolgung oder ihm im Sinne des Bundesentschädigungsgesetzes gleichgestellt ist;

3. 1320 Euro, wenn

a) ein zu berücksichtigendes Haushaltsmitglied ausschließlich mit einem Kind oder mehreren Kindern Wohnraum gemeinsam bewohnt und

b) mindestens eines dieser Kinder noch nicht 18 Jahre alt ist und für dieses Kindergeld nach dem Einkommensteuergesetz oder dem Bundeskindergeldgesetz oder eine in § 65 Absatz 1 Satz 1 des Einkommensteuergesetzes genannte Leistung gewährt wird;

4. ein Betrag in Höhe der eigenen Einnahmen aus Erwerbstätigkeit jedes Kindes eines Haushaltsmitgliedes, höchstens jedoch 1200 Euro, wenn das Kind ein zu berücksichtigendes Haushaltsmitglied und noch nicht 25 Jahre alt ist.

§ 18 Abzugsbeträge für Unterhaltsleistungen

Bei der Ermittlung des Gesamteinkommens sind die folgenden zu erwartenden Aufwendungen zur Erfüllung gesetzlicher Unterhaltsverpflichtungen abzuziehen:

1. bis zu 3000 Euro jährlich für ein zu berücksichtigendes Haushaltsmitglied, das wegen Berufsausbildung auswärts wohnt, soweit es nicht von Nummer 2 erfasst ist;
2. bis zu 3000 Euro jährlich für ein Kind, das Haushaltsmitglied nach § 5 Absatz 4 ist; dies gilt nur für Aufwendungen, die an das Kind als Haushaltsmitglied bei dem anderen Elternteil geleistet werden;
3. bis zu 6000 Euro jährlich für einen früheren oder dauernd getrennt lebenden Ehegatten oder Lebenspartner oder eine frühere oder dauernd getrennt lebende Lebenspartnerin, der oder die kein Haushaltsmitglied ist;
4. bis zu 3000 Euro jährlich für eine sonstige Person, die kein Haushaltsmitglied ist.

Liegt in den Fällen des Satzes 1 eine notariell beurkundete Unterhaltsvereinbarung, ein Unterhaltstitel oder ein Bescheid vor, sind die jährlichen Aufwendungen bis zu dem darin festgelegten Betrag abzuziehen.

Kapitel 5
Höhe des Wohngeldes

§ 19 Höhe des Wohngeldes

(1) Das ungerundete monatliche Wohngeld für bis zu zwölf zu berücksichtigende Haushaltsmitglieder beträgt

$$1{,}15 \cdot (M - (a + b \cdot M + c \cdot Y) \cdot Y) \text{ Euro.}$$

„M" ist die zu berücksichtigende monatliche Miete oder Belastung in Euro. „Y" ist das monatliche Gesamteinkommen in Euro. „a", „b" und „c" sind nach der Anzahl der zu berücksichtigenden Haushaltsmitglieder unterschiedene Werte und ergeben sich aus der Anlage 1.

(2) Die zur Berechnung des Wohngeldes erforderlichen Rechenschritte und Rundungen sind in der Reihenfolge auszuführen, die sich aus der Anlage 2 ergibt.

(3) Sind mehr als zwölf Haushaltsmitglieder zu berücksichtigen, erhöht sich für das 13. und jedes weitere zu berücksichtigende Haushaltsmitglied das nach den Absätzen 1 und 2 berechnete mo-

natliche Wohngeld um jeweils 47 Euro, höchstens jedoch bis zur Höhe der zu berücksichtigenden Miete oder Belastung.

Teil 3
Nichtbestehen des Wohngeldanspruchs

§ 20 Gesetzeskonkurrenz

(1) Besteht für Haushaltsmitglieder ein Anspruch auf Leistungen nach den §§ 13 oder 17 Absatz 1 des Unterhaltssicherungsgesetzes, so haben diese Personen für die Dauer des freiwilligen Wehrdienstes nach § 58b des Soldatengesetzes keinen Wohngeldanspruch; § 3 Absatz 4 und § 11 Absatz 3 dieses Gesetzes gelten entsprechend. Ist der oder dem freiwilligen Wehrdienst Leistenden Wohngeld für einen Zeitraum bewilligt worden, in dem der Beginn des freiwilligen Wehrdienstes fällt, so ist das Wohngeld bis zum Ablauf des Bewilligungszeitraums in gleicher Höhe weiter zu leisten; § 27 Absatz 2 und § 28 bleiben unberührt.

(2) Es besteht kein Wohngeldanspruch, wenn allen Haushaltsmitgliedern eine der folgenden Leistungen dem Grunde nach zusteht oder im Fall ihres Antrages dem Grunde nach zustünde:

1. Leistungen zur Förderung der Ausbildung nach dem Bundesausbildungsförderungsgesetz,
2. Leistungen nach den §§ 56, 116 Absatz 3 oder § 122 des Dritten Buches Sozialgesetzbuch oder
3. Leistungen zur Sicherung des Lebensunterhaltes während des ausbildungsbegleitenden Praktikums oder der betrieblichen Berufsausbildung bei Teilnahme am Sonderprogramm Förderung der beruflichen Mobilität von ausbildungsinteressierten Jugendlichen und arbeitslosen jungen Fachkräften aus Europa.

Satz 1 gilt auch, wenn dem Grunde nach Förderungsberechtigte der Höhe nach keinen Anspruch auf Förderung haben. Satz 1 gilt nicht, wenn die Leistungen ausschließlich als Darlehen gewährt werden. Ist Wohngeld für einen Zeitraum bewilligt, in dem der Beginn der Ausbildung fällt, ist das Wohngeld bis zum Ablauf des Bewilligungszeitraums in gleicher Höhe weiterzuleisten; § 27 Abs. 2 und § 28 bleiben unberührt.

§ 21 Sonstige Gründe

Ein Wohngeldanspruch besteht nicht,

1. wenn das Wohngeld weniger als 10 Euro monatlich betragen würde,
2. wenn alle Haushaltsmitglieder nach den §§ 7 und 8 Abs. 1 vom Wohngeld ausgeschlossen sind oder

3. soweit die Inanspruchnahme missbräuchlich wäre, insbesondere wegen erheblichen Vermögens.

Teil 4
Bewilligung, Zahlung und Änderung des Wohngeldes

§ 22 Wohngeldantrag

(1) Wohngeld wird nur auf Antrag der wohngeldberechtigten Person geleistet.

(2) Im Fall des § 3 Abs. 3 wird vermutet, dass die antragstellende Person von den anderen Haushaltsmitgliedern als wohngeldberechtigte Person bestimmt ist.

(3) Zieht die wohngeldberechtigte Person aus oder stirbt sie, kann der Antrag nach § 27 Abs. 1 auch von einem anderen Haushaltsmitglied gestellt werden, das die Voraussetzungen des § 3 Abs. 1 oder Abs. 2 erfüllt. § 3 Abs. 3 bis 5 gilt entsprechend.

(4) Wird ein Wohngeldantrag für die Zeit nach dem laufenden Bewilligungszeitraum früher als zwei Monate vor Ablauf dieses Zeitraums gestellt, gilt der Erste des zweiten Monats vor Ablauf dieses Zeitraums als Zeitpunkt der Antragstellung im Sinne des § 24 Abs. 2.

(5) § 65a des Ersten und § 115 des Zehnten Buches Sozialgesetzbuch sind nicht anzuwenden.

§ 23 Auskunftspflicht

(1) Soweit die Durchführung dieses Gesetzes es erfordert, sind folgende Personen verpflichtet, auf Verlangen der Wohngeldbehörde Auskunft über ihre für das Wohngeld maßgebenden Verhältnisse zu geben:

1. die Haushaltsmitglieder,
2. die sonstigen Personen, die mit der wohngeldberechtigten Person den Wohnraum gemeinsam bewohnen, und
3. bei einer Prüfung nach § 21 Nr. 3 zur Feststellung eines Unterhaltsanspruchs auch
   a) der Ehegatte, der Lebenspartner oder die Lebenspartnerin,
   b) der frühere Ehegatte, der frühere Lebenspartner oder die frühere Lebenspartnerin,
   c) die Kinder der zu berücksichtigenden Haushaltsmitglieder und
   d) die Eltern der zu berücksichtigenden Haushaltsmitglieder,
   die keine Haushaltsmitglieder sind.

Die Haushaltsmitglieder sind verpflichtet, ihr Geschlecht anzugeben (§ 33 Abs. 3 Satz 1 Nr. 6 und

§ 35 Abs. 1 Nr. 5). Die wohngeldberechtigte Person hat im Wohngeldantrag nach § 22 und im Antrag nach § 27 Absatz 1 alle Tatsachen anzugeben, die für die Leistung erheblich sind.

(2) Soweit die Durchführung dieses Gesetzes es erfordert, sind die Arbeitgeber der zu berücksichtigenden Haushaltsmitglieder verpflichtet, auf Verlangen der Wohngeldbehörde über Art und Dauer des Arbeitsverhältnisses sowie über Arbeitsstätte und Arbeitsverdienst Auskunft zu geben.

(3) Der Empfänger oder die Empfängerin der Miete ist verpflichtet, auf Verlangen der Wohngeldbehörde über die Höhe und Zusammensetzung der Miete sowie über andere das Miet- oder Nutzungsverhältnis betreffende Umstände Auskunft zu geben, soweit die Durchführung dieses Gesetzes es erfordert.

(4) Zur Aufdeckung rechtswidriger Inanspruchnahme von Wohngeld sind alle Stellen, denen ein zu berücksichtigendes Haushaltsmitglied einen Freistellungsauftrag für Kapitalerträge erteilt hat, verpflichtet, der Wohngeldbehörde Auskunft über die Höhe der zugeflossenen Kapitalerträge zu erteilen. § 21 Absatz 3 Satz 4 des Zehnten Buches Sozialgesetzbuch gilt entsprechend. Ein Auskunftsersuchen der Wohngeldbehörde ist nur zulässig, wenn auf Grund eines Datenabgleichs nach § 33 der Verdacht besteht oder feststeht, dass Wohngeld rechtswidrig in Anspruch genommen wurde oder wird und dass das zu berücksichtigende Haushaltsmitglied, auch soweit es dazu berechtigt ist, nicht oder nicht vollständig der Ermittlung der Kapitalerträge mitwirkt. Die Auslagen für Auskünfte von Kapitalerträge auszahlenden Stellen, die durch die Ermittlung der rechtswidrigen Inanspruchnahme von Wohngeld entstanden sind, sollen abweichend von § 64 Absatz 1 des Zehnten Buches Sozialgesetzbuch von der Person, die Wohngeld zu erstatten hat, erhoben werden.

(5) Auf die nach den Absätzen 1 bis 3 Auskunftspflichtigen sind die §§ 60 und 65 Abs. 1 und 3 des Ersten Buches Sozialgesetzbuch entsprechend anzuwenden.

§ 24 Wohngeldbehörde und Entscheidung

(1) Über den Wohngeldantrag muss die nach Landesrecht zuständige oder von der Landesregierung durch Rechtsverordnung oder auf sonstige Weise bestimmte Behörde (Wohngeldbehörde) schriftlich entscheiden. Die Landesregierung kann ihre Befugnis nach Satz 1, die Zuständigkeit der Wohngeldbehörden zu bestimmen, auf die für die Ausführung des Wohngeldgesetzes zuständige oberste Landesbehörde übertragen. § 69 des Ersten Buches Sozialgesetzbuch bleibt unberührt.

(2) Der Entscheidung sind die Verhältnisse im Bewilligungszeitraum, die im Zeitpunkt der Antragstellung zu erwarten sind, zu Grunde zu legen. Treten nach dem Zeitpunkt der Antragstellung bis zur Bekanntgabe des Wohngeldbescheides Änderungen der Verhältnisse im Bewilligungszeitraum ein, sind sie grundsätzlich nicht zu berücksichtigen; Änderungen im Sinne des § 27 Abs. 1 und 2, § 28 Abs. 1 bis 3 oder § 43 sollen berücksichtigt werden. Satz 2 gilt für nach dem Zeitpunkt der Antragstellung bis zur Bekanntgabe des Wohngeldbescheides zu erwartende Änderungen entsprechend.

(3) Der Bewilligungsbescheid muss die in § 27 Abs. 3 Satz 1 Nr. 2 und 3 genannten Beträge ausweisen und einen Hinweis über die Mitteilungspflichten nach § 27 Abs. 3 und 4 sowie § 28 Abs. 1 Satz 2 und Abs. 4 Satz 1 enthalten. Er soll einen Hinweis enthalten, dass der Wohngeldantrag für die Zeit nach Ablauf des Bewilligungszeitraums wiederholt werden kann und dass eine Neuentscheidung von Amts wegen mit der Folge des Wohngeldwegfalles oder eines verringerten Wohngeldes auch dann möglich ist, wenn keine Mitteilungspflicht besteht.

(4) Erzielt mindestens eines der zu berücksichtigenden Haushaltsmitglieder Einkünfte aus selbständiger Arbeit, aus Gewerbebetrieb oder aus Land- und Forstwirtschaft, so kann der Wohngeldbewilligungsbescheid mit der Auflage verbunden werden, dass die Einkommensteuerbescheide, die den Zeitraum der Wohngeldbewilligung betreffen, unverzüglich der Wohngeldbehörde zur Prüfung, ob ein Fall des § 27 Absatz 2 Satz 1 Nummer 3 vorliegt, vorzulegen sind.

(5) Wenn infolge des Umzugs der wohngeldberechtigten Person eine andere Wohngeldbehörde zuständig wird, bleibt abweichend von § 44 Absatz 3 des Zehnten Buches Sozialgesetzbuch die Wohngeldbehörde, die den Wohngeldbescheid erlassen hat, zuständig für

1. die Aufhebung eines Wohngeldbescheides,
2. die Rückforderung des zu erstattenden Wohngeldes sowie
3. die Unterrichtung und den Hinweis nach § 28 Absatz 5.

§ 25 Bewilligungszeitraum

(1) Das Wohngeld soll für zwölf Monate bewilligt werden. Ist zu erwarten, dass sich die maßgeblichen Verhältnisse vor Ablauf von zwölf Monaten erheblich ändern, soll der Bewilligungszeitraum entsprechend verkürzt werden; im Einzelfall kann der Bewilligungszeitraum geteilt werden.

(2) Der Bewilligungszeitraum beginnt am Ersten des Monats, in dem der Wohngeldantrag gestellt worden ist. Treten die Voraussetzungen für die Bewilligung des Wohngeldes erst in einem späteren Monat ein, beginnt der Bewilligungszeitraum am Ersten dieses Monats.

(3) Der Bewilligungszeitraum beginnt am Ersten des Monats, von dem ab Leistungen im Sinne des § 7 Abs. 1 abgelehnt worden sind, wenn der Wohngeldantrag vor Ablauf des Kalendermonats gestellt wird, der auf die Kenntnis der Ablehnung folgt. Dies gilt entsprechend, wenn der Ausschluss nach § 8 Abs. 1 Satz 3 oder Abs. 2 als nicht erfolgt gilt.

(4) Ist ein Wohngeldbewilligungsbescheid nach § 28 Absatz 3 unwirksam geworden, beginnt der Wohngeldbewilligungszeitraum abweichend von § 25 Absatz 3 Satz 1 frühestens am Ersten des Monats, von dem an die Unwirksamkeit des Wohngeldbewilligungsbescheides eingetreten ist; dies gilt nur unter der Voraussetzung, dass der Wohngeldantrag vor Ablauf des Kalendermonats gestellt wird, der

1. auf die Kenntnis der Ablehnung einer Leistung nach § 7 Absatz 1 folgt oder
2. auf die Kenntnis von der Unwirksamkeit des Wohngeldbewilligungsbescheides folgt, wenn nur ein Teil der zu berücksichtigenden Haushaltsmitglieder nach § 7 vom Wohngeld ausgeschlossen ist.

Der Ablehnung einer Leistung nach § 7 Absatz 1 im Sinne des § 25 Absatz 4 Satz 1 Nummer 1 stehen die Fälle des § 8 Absatz 1 Satz 3 und Absatz 2 gleich. Wird eine Leistung nach § 7 Absatz 1 rückwirkend für alle zu berücksichtigenden Haushaltsmitglieder und nur für einen Teil des bisherigen Wohngeldbewilligungszeitraums gewährt, beginnt der neue Wohngeldbewilligungszeitraum am Ersten des Monats, von dem an die Leistung nach § 7 Absatz 1 nicht mehr gewährt wird; dies gilt nur unter der Voraussetzung, dass der Wohngeldantrag vor Ablauf des Kalendermonats gestellt wird, der auf die Kenntnis von dem Ende des Bewilligungszeitraums einer Leistung nach § 7 Absatz 1 folgt.

(5) Der neue Bewilligungszeitraum im Fall des § 27 Abs. 1 Satz 2 beginnt am Ersten des Monats, von dem an die erhöhte Miete oder Belastung rückwirkend berücksichtigt wird, wenn der Antrag vor Ablauf des Kalendermonats gestellt wird, der auf die Kenntnis von der Erhöhung der Miete oder Belastung folgt.

§ 26 Zahlung des Wohngeldes

(1) Das Wohngeld ist an die wohngeldberechtigte Person zu zahlen. Es kann mit schriftlicher Einwilligung der wohngeldberechtigten Person oder, wenn dies im Einzelfall geboten ist, auch ohne deren

Einwilligung, an ein anderes Haushaltsmitglied, an den Empfänger oder die Empfängerin der Miete oder in den Fällen des § 3 Abs. 1 Satz 2 Nr. 3 an den Leistungsträger im Sinne des § 12 des Ersten Buches Sozialgesetzbuch gezahlt werden. Wird das Wohngeld nach Satz 2 gezahlt, ist die wohngeldberechtigte Person hiervon zu unterrichten.

(2) Das Wohngeld ist monatlich im Voraus auf ein Konto eines Haushaltsmitgliedes bei einem Geldinstitut für das die Verordnung (EU) Nr. 260/2012 des Europäischen Parlaments und des Rates vom 14. März 2012 zur Festlegung der technischen Vorschriften und der Geschäftsanforderungen für Überweisungen und Lastschriften in Euro und zur Änderung der Verordnung (EG) Nr. 924/2009 (ABl. L 94 vom 30. 3. 2012, S. 22) gilt (Geldinstitut), zu zahlen. Ist ein solches Konto nicht vorhanden, kann das Wohngeld an den Wohnsitz der wohngeldberechtigten Person übermittelt werden; die dadurch veranlassten Kosten sollen vom Wohngeld abgezogen werden.

§ 27 Änderung des Wohngeldes

(1) Das Wohngeld ist auf Antrag neu zu bewilligen, wenn sich im laufenden Bewilligungszeitraum

1. die Anzahl der zu berücksichtigenden Haushaltsmitglieder erhöht,

2. die zu berücksichtigende Miete oder Belastung um mehr als 15 Prozent erhöht oder

3. das Gesamteinkommen um mehr als 15 Prozent verringert

und sich dadurch das Wohngeld erhöht. Im Fall des Satzes 1 Nr. 2 ist das Wohngeld auch rückwirkend zu bewilligen, frühestens jedoch ab Beginn des laufenden Bewilligungszeitraums, wenn sich die zu berücksichtigende Miete oder Belastung rückwirkend um mehr als 15 Prozent erhöht hat. Satz 1 Nr. 3 ist auch anzuwenden, wenn sich das Gesamteinkommen um mehr als 15 Prozent verringert, weil sich die Anzahl der zu berücksichtigenden Haushaltsmitglieder verringert hat.

(2) Über die Leistung des Wohngeldes ist von Amts wegen mit Wirkung ab dem Zeitpunkt der Änderung der Verhältnisse unter Aufhebung des Bewilligungsbescheides neu zu entscheiden, wenn sich im laufenden Bewilligungszeitraum nicht nur vorübergehend

1. die Anzahl der zu berücksichtigenden Haushaltsmitglieder um mindestens ein zu berücksichtigendes Haushaltsmitglied verringert; § 6 Abs. 2 bleibt unberührt,

2. die zu berücksichtigende Miete oder Belastung um mehr als 15 Prozent verringert; § 6 Abs. 2 bleibt unberührt, oder

3. das Gesamteinkommen um mehr als 15 Prozent erhöht

und dadurch das Wohngeld wegfällt oder sich verringert. Als Zeitpunkt der Änderung der Verhältnisse gilt im Fall des Satzes 1 Nr. 1 der Tag nach dem Auszug, im Fall des Satzes 1 Nr. 2 der Beginn des Zeitraums, für den sich die zu berücksichtigende Miete oder Belastung um mehr als 15 Prozent verringert, und im Fall des Satzes 1 Nr. 3 der Beginn des Zeitraums, für den das erhöhte Einkommen bezogen wird, das zu einer Erhöhung des Gesamteinkommens um mehr als 15 Prozent führt. Tritt die Änderung der Verhältnisse nicht zum Ersten eines Monats ein, ist mit Wirkung vom Ersten des nächsten Monats an zu entscheiden. Satz 1 Nr. 3 ist auch anzuwenden, wenn sich das Gesamteinkommen um mehr als 15 Prozent erhöht, weil sich die Anzahl der zu berücksichtigenden Haushaltsmitglieder erhöht hat. Als Zeitpunkt der Antragstellung im Sinne des § 24 Abs. 2 gilt der Zeitpunkt der Kenntnis der Wohngeldbehörde von den geänderten Verhältnissen. Eine Neuentscheidung von Amts wegen muss innerhalb eines Jahres, nachdem die Wohngeldbehörde von der Änderung der Verhältnisse Kenntnis erlangt hat, erfolgen. Die Neuentscheidung ist unabhängig vom Bestehen einer Mitteilungspflicht.

(3) Die wohngeldberechtigte Person muss der Wohngeldbehörde unverzüglich mitteilen, wenn sich im laufenden Bewilligungszeitraum nicht nur vorübergehend

1. die Anzahl der zu berücksichtigenden Haushaltsmitglieder (§ 6 Abs. 1) auf mindestens ein zu berücksichtigendes Haushaltsmitglied verringert oder die Anzahl der vom Wohngeld ausgeschlossenen Haushaltsmitglieder (§§ 7 und 8 Abs. 1) erhöht,

2. die monatliche Miete (§ 9) oder die monatliche Belastung (§ 10) um mehr als 15 Prozent gegenüber der im Bewilligungsbescheid genannten Miete oder Belastung verringert oder

3. die Summe aus den monatlichen positiven Einkünften nach § 14 Abs. 1 und den monatlichen Einnahmen nach § 14 Abs. 2 aller zu berücksichtigenden Haushaltsmitglieder um mehr als 15 Prozent gegenüber dem im Bewilligungsbescheid genannten Betrag erhöht; dies gilt auch, wenn sich der Betrag um mehr als 15 Prozent erhöht, weil sich die Anzahl der zu berücksichtigenden Haushaltsmitglieder erhöht hat.

Die zu berücksichtigenden Haushaltsmitglieder sind verpflichtet, der wohngeldberechtigten Person Änderungen ihrer monatlichen positiven Einkünfte nach § 14 Abs. 1 und ihrer monatlichen Einnahmen nach § 14 Abs 2 mitzuteilen.

(4) Die Absätze 2 und 3 gelten entsprechend, wenn sich die Änderungen nach Absatz 2 Satz 1 und 4 und Absatz 3 Satz 1 auf einen abgelaufenen Bewilligungszeitraum beziehen. Werden die Änderungen erst nach Ablauf des Bewilligungszeitraums bekannt und wirken sie auf einen oder mehrere abgelaufene Bewilligungszeiträume zurück, so ist eine Entscheidung nach Absatz 2 längstens für die drei Jahre, bevor die wohngeldberechtigte Person oder die zu berücksichtigenden Haushaltsmitglieder von der Änderung der Verhältnisse Kenntnis erlangt haben, zulässig; der Kenntnis steht die Nichtkenntnis infolge grober Fahrlässigkeit gleich. Hat die wohngeldberechtigte Person eine Änderung nach Absatz 2 Satz 1 und 4 im laufenden Bewilligungszeitraum nicht mitgeteilt und erhält die Wohngeldbehörde daher erst nach Ablauf des Bewilligungszeitraums von der Änderung Kenntnis, so ist eine Entscheidung nach Absatz 2 längstens für zehn Jahre seit Änderung der Verhältnisse zulässig.

§ 28 Unwirksamkeit des Bewilligungsbescheides und Wegfall des Wohngeldanspruchs

(1) Der Bewilligungsbescheid wird vom Ersten des Monats an unwirksam, in dem der Wohnraum, für den Wohngeld bewilligt ist, von keinem zu berücksichtigenden Haushaltsmitglied mehr genutzt wird; erfolgt die Nutzungsaufgabe nicht zum Ersten eines Monats, wird der Bewilligungsbescheid vom Ersten des nächsten Monats an unwirksam. Die wohngeldberechtigte Person muss der Wohngeldbehörde unverzüglich mitteilen, dass der Wohnraum nicht mehr genutzt wird. Der Wechsel des Wohnraums innerhalb desselben Heimes im Sinne des Heimgesetzes oder entsprechender Gesetze der Länder gilt nicht als Nutzungsaufgabe.

(2) Der Wohngeldanspruch fällt für den Monat weg, in dem das Wohngeld vollständig oder überwiegend nicht zur Bezahlung der Miete oder zur Aufbringung der Belastung verwendet wird (zweckwidrige Verwendung). Der Bewilligungsbescheid ist mit Wirkung vom Ersten des Monats der zweckwidrigen Verwendung an aufzuheben, wenn seine Bekanntgabe nicht länger als zehn Jahre und die Kenntnis der Wohngeldbehörde von der zweckwidrigen Verwendung nicht länger als ein Jahr zurückliegt. Die Sätze 1 und 2 gelten nicht, soweit der Wohngeldanspruch Gegenstand einer Aufrechnung, Verrechnung oder Pfändung nach den §§ 51, 52 und 54 des Ersten Buches Sozialgesetzbuch ist oder auf einen Leistungsträger im Sinne des § 12 des Ersten Buches Sozialgesetzbuch übergegangen ist.

(3) Der Bewilligungsbescheid wird von dem Zeitpunkt an unwirksam, ab dem ein zu berücksichtigendes Haushaltsmitglied nach den §§ 7 und 8 Abs. 1 vom Wohngeld ausgeschlossen ist. Im Fall des § 8 Abs. 1 Satz 3 bleibt der Bewilligungsbescheid unwirksam.

(4) Die wohngeldberechtigte Person muss der Wohngeldbehörde unverzüglich mitteilen, wenn für ein zu berücksichtigendes Haushaltsmitglied ein Verwaltungsverfahren zur Feststellung von Grund und Höhe einer Leistung nach § 7 Abs. 1 oder Abs. 2 begonnen hat oder ein zu berücksichtigendes Haushaltsmitglied eine Leistung nach § 7 Abs. 1 empfängt. Die zu berücksichtigenden Haushaltsmitglieder sind verpflichtet, der wohngeldberechtigten Person die in Satz 1 genannten Tatsachen mitzuteilen.

(5) Die wohngeldberechtigte Person ist von der Unwirksamkeit des Bewilligungsbescheides zu unterrichten und im Fall des Absatzes 3 auf die Antragsfrist nach § 25 Abs. 3 Satz 1 und 2 oder Absatz 4 hinzuweisen.

(6) Der Wohngeldanspruch ändert sich nur wegen der in § 27, den vorstehenden Absätzen 1 bis 3, § 42a oder § 43 Abs. 1 genannten Umstände.

§ 29 Haftung, Aufrechnung, Verrechnung und vorläufige Zahlungseinstellung

(1) Ist Wohngeld nach § 50 des Zehnten Buches Sozialgesetzbuch zu erstatten, haften neben der wohngeldberechtigten Person die volljährigen und bei Berechnung des Wohngeldes berücksichtigten Haushaltsmitglieder als Gesamtschuldner.

(2) Die Wohngeldbehörde kann mit Ansprüchen auf Erstattung zu Unrecht erbrachten Wohngeldes abweichend von § 51 Abs. 2 des Ersten Buches Sozialgesetzbuch gegen Wohngeldansprüche statt bis zu deren Hälfte in voller Höhe aufrechnen.

(3) Die Wohngeldbehörde kann Ansprüche eines anderen Leistungsträgers abweichend von § 52 des Ersten Buches Sozialgesetzbuch mit der obliegenden Wohngeldleistung verrechnen, soweit nach Absatz 2 die Aufrechnung zulässig ist.

(4) Die Wohngeldbehörde kann die Zahlung des Wohngeldes ohne Erlass eines Bescheides vorläufig ganz oder teilweise einstellen, wenn sie Kenntnis von Tatsachen erhält, die die Annahme rechtfertigen, dass

1. der Bewilligungsbescheid bei Erlass rechtswidrig war und die wohngeldberechtigte Person sich nach § 45 Absatz 2 Satz 3 des Zehnten Buches Sozialgesetzbuch nicht auf Vertrauensschutz berufen kann oder

2. die Voraussetzungen des § 27 Absatz 2, auch in Verbindung mit Absatz 4 oder § 28 Absatz 1 bis 3, vorliegen.

Soweit die Kenntnis nicht auf Angaben der wohngeldberechtigten Person beruht, sind dieser unverzüglich die vorläufige Einstellung der Wohngeldzahlung sowie die dafür maßgeblichen Gründe mitzuteilen und ist ihr Gelegenheit zu geben, sich zu äußern. Die Wohngeldbehörde hat eine vorläufig eingestellte Wohngeldleistung unverzüglich nachzuzahlen, wenn nicht entweder der Bewilligungsbescheid, aus dem sich der Anspruch ergibt, zwei Monate nach der Einstellung der Zahlung mit Wirkung für die Vergangenheit aufgehoben oder nachträglich die Unwirksamkeit des Bewilligungsbescheides festgestellt worden ist. Satz 3 gilt nicht, wenn die Wohngeldleistung zwischenzeitlich nach Maßgabe des § 66 des Ersten Buches Sozialgesetzbuch entzogen wurde.

§ 30 Rücküberweisung und Erstattung im Todesfall

(1) Wird der Bewilligungsbescheid nach § 28 Abs. 1 Satz 1 auf Grund eines Todesfalles unwirksam, gilt Wohngeld, das für die Zeit nach dem Tod des zu berücksichtigenden Haushaltsmitgliedes auf ein Konto bei einem Geldinstitut überwiesen wurde, als unter Vorbehalt geleistet. Das Geldinstitut muss es der überweisenden Behörde oder der Wohngeldbehörde zurücküberweisen, wenn diese es als zu Unrecht geleistet zurückfordert. Eine Verpflichtung zur Rücküberweisung besteht nicht, soweit

1. über den entsprechenden Betrag bei Eingang der Rückforderung bereits anderweitig verfügt worden ist, es sei denn, die Rücküberweisung kann aus einem Guthaben erfolgen, oder

2. die Wohngeldbehörde das Wohngeld an den Empfänger oder die Empfängerin der Miete überwiesen hat.

Das Geldinstitut darf den nach Satz 1 überwiesenen Betrag nicht zur Befriedigung eigener Forderungen verwenden.

(2) Wird der Bewilligungsbescheid nach § 28 Abs. 1 Satz 1 auf Grund eines Todesfalles unwirksam und ist Wohngeld weiterhin geleistet worden, sind mit Ausnahme des Empfängers oder der Empfängerin der Miete folgende Personen verpflichtet, der Wohngeldbehörde den entsprechenden Betrag zu erstatten:

1. Personen, die das Wohngeld unmittelbar in Empfang genommen haben,

2. Personen, auf deren Konto der entsprechende Betrag durch ein banküblisches Zahlungsgeschäft weitergeleitet wurde, und

3. Personen, die über den entsprechenden Betrag verfügungsberechtigt sind und ein banküblisches Zahlungsgeschäft zu Lasten des Kontos vorgenommen oder zugelassen haben.

Der Erstattungsanspruch ist durch Verwaltungsakt geltend zu machen. Ein Geldinstitut, das eine Rücküberweisung mit dem Hinweis abgelehnt hat, dass über den entsprechenden Betrag bereits anderweitig verfügt wurde, muss der überweisenden Behörde oder der Wohngeldbehörde auf Verlangen Name und Anschrift der in Satz 1 Nr. 2 und 3 genannten Personen und etwaiger neuer Kontoinhaber oder Kontoinhaberinnen benennen. Ein Anspruch nach § 50 des Zehnten Buches Sozialgesetzbuch bleibt unberührt.

(3) Der Rücküberweisungs- und der Erstattungsanspruch verjähren in vier Jahren nach Ablauf des Kalenderjahres, in dem die Wohngeldbehörde Kenntnis von der Überzahlung erlangt hat.

§ 31 Rücknahme eines rechtswidrigen nicht begünstigenden Wohngeldbescheides

Wird ein rechtswidriger nicht begünstigender Wohngeldbescheid mit Wirkung für die Vergangenheit zurückgenommen, muss die Wohngeldbehörde längstens für zwei Jahre vor der Rücknahme Wohngeld leisten. Im Übrigen bleibt § 44 des Zehnten Buches Sozialgesetzbuch unberührt.

Teil 5
Kostentragung und Datenabgleich

§ 32 Erstattung des Wohngeldes durch den Bund

Wohngeld nach diesem Gesetz, das von einem Land gezahlt worden ist, ist diesem zur Hälfte vom Bund zu erstatten.

§ 33 Datenabgleich

(1) Die Wohngeldbehörde ist verpflichtet, auf Verlangen

1. der zuständigen Behörde für die Erhebung der Ausgleichszahlung nach dem Gesetz über den Abbau der Fehlsubventionierung im Wohnungswesen und der hierzu erlassenen landesrechtlichen Vorschriften und

2. der jeweils zuständigen Behörde nach entsprechenden Gesetzen der Länder

diesen Behörden mitzuteilen, ob der betroffene Wohnungsinhaber Wohngeld erhält. Maßgebend hierfür ist der Zeitraum, der zwischen dem Zeitpunkt nach § 3 Abs. 2 des Gesetzes über den Abbau der Fehlsubventionierung im Wohnungswesen und der hierzu erlassenen landesrechtlichen Vorschriften oder nach entsprechenden Gesetzen der Länder und der Erteilung des Bescheides über die Ausgleichszahlung liegt.

(2) Die Wohngeldbehörde darf, um die rechtswidrige Inanspruchnahme von Wohngeld zu vermeiden oder aufzudecken, die Haushaltsmitglieder regelmäßig durch einen Datenabgleich daraufhin überprüfen,

1. ob und für welche Zeiträume Leistungen nach § 7 Abs. 1 beantragt oder empfangen werden oder wurden oder ein Ausschlussgrund nach § 7 Abs. 2, Abs. 3 oder § 8 Abs. 1 vorliegt oder vorlag,

2. ob und welche Daten nach § 45d Abs. 1 und § 45e des Einkommensteuergesetzes, insbesondere zu der Höhe von Kapitalerträgen, für die ein Freistellungsauftrag erteilt worden ist, dem Bundeszentralamt für Steuern übermittelt worden sind,

3. ob und für welche Zeiträume bereits Wohngeld beantragt oder empfangen wird oder wurde,

4. ob und von welchem Zeitpunkt an die Bundesagentur für Arbeit die Leistung von Arbeitslosengeld eingestellt hat,

5. ob, mit welchem Wohnungsstatus und von welchem Zeitpunkt an ein Haushaltsmitglied unter der Anschrift der Wohnung, für die Wohngeld beantragt wird oder geleistet wird oder wurde, bei der Meldebehörde gemeldet ist oder nicht mehr gemeldet ist und unter welcher neuen Anschrift es gemeldet ist,

6. ob, für welche Zeiträume und bei welchem Arbeitgeber eine Versicherungspflicht im Sinne des § 2 Abs. 1 des Vierten Buches Sozialgesetzbuch oder eine geringfügige Beschäftigung besteht oder bestand und entsprechende Daten an die Datenstelle der Träger der Rentenversicherung (Datenstelle) und die Minijob-Zentrale der Deutschen Rentenversicherung Knappschaft-Bahn-See übermittelt worden sind,

7. ob, in welcher Höhe und für welche Zeiträume Leistungen der Renten- und Unfallversicherungen durch die Deutsche Post AG oder die Deutsche Rentenversicherung Knappschaft-Bahn-See gezahlt worden sind.

Richtet sich eine Überprüfung auf einen abgelaufenen Bewilligungszeitraum, ist diese bis zum Ablauf von zehn Jahren nach Bekanntgabe des zugehörigen Bewilligungsbescheides zulässig.

(3) Zur Durchführung des Datenabgleichs dürfen nur

1. Name, Vorname (Rufname), Geburtsname,

2. Geburtsdatum, Geburtsort,

3. Anschrift der Wohnung, für die Wohngeld beantragt oder bewilligt wurde,

4. Tatsache des Wohngeldantrages und des Wohngeldempfangs,

5. Zeitraum des Wohngeldempfangs und

6. Geschlecht

an die in Absatz 1 Satz 1 und Absatz 2 Satz 1 Nr. 2, 4, 6 und 7 genannten und die für die Leistungen nach Absatz 2 Satz 1 Nummer 1 und 3 zuständigen Stellen sowie an die Meldebehörden übermittelt werden. Die Daten, die der Wohngeldbehörde oder der sonst nach Landesrecht für den Datenabgleich zuständigen oder von der Landesregierung durch Rechtsverordnung oder auf sonstige Weise für den Datenabgleich bestimmten Stelle (zentralen Landesstelle) übermittelt werden, dürfen nur für den Zweck der Überprüfung nach den Absätzen 1 und 2 genutzt werden. Die übermittelten Daten, bei denen die Überprüfung zu keinen abweichenden Feststellungen führt, sind unverzüglich zu löschen oder zu vernichten. Die Betroffenen sind von der Wohngeldbehörde auf die Datenübermittlung hinzuweisen.

(4) Die in Absatz 2 Satz 1 Nummer 2, 4, 6 und 7 genannten und die für die Leistungen nach Absatz 2 Satz 1 Nummer 1 und 3 zuständigen Stellen sowie die Meldebehörden führen den Datenabgleich durch und übermitteln die Daten über Feststellungen im Sinne des Absatzes 2 an die Wohngeldbehörde oder die zentrale Landesstelle oder über die zentrale Landesstelle an die Wohngeldbehörde. Die jenen Stellen überlassenen Daten und Datenträger sind nach Durchführung des Datenabgleichs unverzüglich zurückzugeben, zu löschen oder zu vernichten.

(5) Der Datenabgleich nach den Absätzen 1 und 2 ist auch in automatisierter Form zulässig. Hierzu dürfen die erforderlichen Daten nach den Absätzen 1 bis 3 auch der Datenstelle als Vermittlungsstelle übermittelt werden. Die Datenstelle darf nach den Absätzen 1 bis 3 übermittelten Daten speichern, nutzen und an die in Absatz 2 Satz 1 Nr. 2, 4, 6 und 7 genannten Stellen weiter übermitteln, soweit dies für den Datenabgleich nach den Absätzen 1 und 2 erforderlich ist. Die Datenstelle darf die nach § 52 Absatz 1 und 2 des Zweiten Buches Sozialgesetzbuch und nach § 118 Absatz 2 des Zwölften Buches Sozialgesetzbuch übermittelten Daten sowie die Daten der Stammsatzdatei im Sinne des § 150 des Sechsten Buches Sozialgesetzbuch und der bei ihr für die Prüfung bei den Arbeitgebern geführten Datei im Sinne des § 28p Abs. 8 Satz 3 des Vierten Buches Sozialgesetzbuch nutzen, soweit dies für den Datenabgleich nach den Absätzen 1 und 2 erforderlich ist. Die Datenstelle gleicht die übermittelten Daten ab und leitet Feststellungen im Sinne des Absatzes 2 an die über-

5

mittelnde Wohngeldbehörde oder die zentrale Landesstelle oder über die zentrale Landesstelle an die übermittelnde Wohngeldbehörde zurück. Die nach Satz 3 bei der Datenstelle gespeicherten Daten sind unverzüglich nach Abschluss der Datenabgleiche zu löschen. Bei einer Weiterübermittlung der Daten nach Satz 3 gilt Absatz 4 für die in Absatz 2 Satz 1 Nr. 2, 4, 6 und 7 genannten Stellen entsprechend.

(6) Die Landesregierung kann ihre Befugnis, eine zentrale Landesstelle für den Datenabgleich zu bestimmen (Absatz 3 Satz 2, Absatz 4 Satz 1 und Absatz 5 Satz 5), auf die für die Ausführung des Wohngeldgesetzes zuständige oberste Landesbehörde übertragen. § 69 des Ersten Buches Sozialgesetzbuch bleibt unberührt.

(7) Die Landesregierungen werden ermächtigt, durch Rechtsverordnung die Einzelheiten des Verfahrens des automatisierten Datenabgleichs und die Kosten des Verfahrens zu regeln, solange und soweit nicht die Bundesregierung von der Ermächtigung nach § 38 Nr. 3 Gebrauch gemacht hat.

Teil 6
Wohngeldstatistik

§ 34 Zweck der Wohngeldstatistik, Auskunfts- und Hinweispflicht

(1) Über die Anträge und Entscheidungen nach diesem Gesetz sowie über die persönlichen und sachlichen Verhältnisse der zu berücksichtigenden Haushaltsmitglieder, die für die Berechnung des regionalen Mietenniveaus (§ 12 Abs. 3 und 4), den Wohngeld- und Mietenbericht (§ 39), die Beurteilung der Auswirkungen dieses Gesetzes und dessen Fortentwicklung erforderlich sind, ist eine Bundesstatistik zu führen.

(2) Für die Erhebung sind die Wohngeldbehörden auskunftspflichtig. Die Angaben der in § 23 Abs. 1 bis 3 bezeichneten Personen dienen zur Ermittlung der statistischen Daten im Rahmen der Erhebungsmerkmale (§ 35).

(3) Die wohngeldberechtigte Person ist auf die Verwendung der auf Grund der Bearbeitung bekannten Daten für die Wohngeldstatistik und auf die Möglichkeit der Übermittlung nach § 36 Abs. 2 Satz 2 hinzuweisen.

§ 35 Erhebungs- und Hilfsmerkmale

(1) Erhebungsmerkmale sind

1. die Art des Wohngeldantrages und der Entscheidung;

2. der Betrag des im Erhebungszeitraum gezahlten Wohngeldes;

3. der Beginn und das Ende des Bewilligungszeitraums nach Monat und Jahr; die Art und die Höhe des monatlichen Wohngeldes;

4. die Anzahl der zu berücksichtigenden Haushaltsmitglieder, ihre jeweilige Beteiligung am Erwerbsleben und Stellung im Beruf sowie jeweils die Anzahl derjenigen zu berücksichtigenden Haushaltsmitglieder, die
   a) noch nicht 18 Jahre alt sind oder
   b) mindestens 18 Jahre, aber noch nicht 25 Jahre alt sind;

   ist mindestens ein Haushaltsmitglied vom Wohngeld ausgeschlossen, sind auch die Gesamtzahl der Haushaltsmitglieder und die Zahl der vom Wohngeld ausgeschlossenen Haushaltsmitglieder Erhebungsmerkmale;

5. das jeweilige Geschlecht der zu berücksichtigenden Haushaltsmitglieder;

6. der bei der Berechnung des Wohngeldes berücksichtigte Höchstbetrag für Miete und Belastung (§ 12 Abs. 1), im Fall des § 11 Abs. 3 der Anteil des Höchstbetrages, der dem Anteil der zu berücksichtigenden Haushaltsmitglieder an der Gesamtzahl der Haushaltsmitglieder entspricht;

7. die Wohnverhältnisse der zu berücksichtigenden Haushaltsmitglieder nach Größe der Wohnung, nach Höhe der monatlichen Miete oder Belastung, im Fall des § 10 Abs. 2 Satz 2 die Belastung aus Zinsen und Tilgung, nach öffentlicher Förderung der Wohnung oder Förderung nach dem Wohnraumförderungsgesetz oder entsprechenden Gesetzen der Länder, der Grund der Wohngeldberechtigung (§ 3 Abs. 1 bis 3) sowie die Gemeinde und deren Mietenstufe (§ 12); ist mindestens ein Haushaltsmitglied vom Wohngeld ausgeschlossen, sind Größe der Wohnung und die Höhe der monatlichen Miete oder Belastung kopfteilig zu erheben;

8. a) das monatliche Gesamteinkommen, die Freibeträge nach § 17 und die Abzugsbeträge für Unterhaltsleistungen nach § 18;
   b) die Summe der positiven Einkünfte und der Einnahmen nach § 14 sowie die Abzugsbeträge für Steuern und Sozialversicherungsbeiträge und je das einzelne zu berücksichtigende Haushaltsmitglied;

   im Fall einer nach den §§ 7 und 8 Absatz 1 vom Wohngeld ausgeschlossenen wohngeldberechtigten Person ist die Art der beantragten oder empfangenen Leistung nach § 7 Absatz 1 Erhebungsmerkmal;

9. das Datum der Berechnung des Wohngeldes und die angewandte Gesetzesfassung;
10. die Höhe des nach § 44 geleisteten einmaligen zusätzlichen Wohngeldbetrages nach der Anzahl der nach § 44 zu berücksichtigenden Personen.

(2) Hilfsmerkmale sind:

1. Name und Anschrift der auskunftspflichtigen Wohngeldbehörde;
2. Wohngeldnummern; diese dürfen keine Angaben über persönliche oder sachliche Verhältnisse der wohngeldberechtigten Personen sowie der in § 23 Absatz 1 bis 3 bezeichneten Personen enthalten oder einen Rückschluss auf diese Verhältnisse zulassen.

Die Wohngeldnummern sind zu löschen, sobald bei den statistischen Landesämtern die Überprüfung der Erhebungs- und Hilfsmerkmale auf ihre Schlüssigkeit und Vollständigkeit sowie die Erstellung und Prüfung von Ergebnissen aus der Bestandsfortschreibung abgeschlossen sind, spätestens jedoch nach Ablauf von fünf Jahren seit dem Zeitpunkt, zu dem die Erhebung durchgeführt worden ist (§ 36 Absatz 1).

§ 36 Erhebungszeitraum, Zusatz- und Sonderaufbereitungen

(1) Die Erhebung der Angaben nach § 35 Abs. 1 ist vierteljährlich für das jeweils abgelaufene Kalendervierteljahr durchzuführen. Die statistischen Landesämter stellen dem Statistischen Bundesamt unverzüglich nach Ablauf des Erhebungszeitraums oder zu dem in der Rechtsverordnung nach § 38 angegebenen Zeitpunkt folgende Angaben zur Verfügung:
1. vierteljährlich
   a) für den Erhebungszeitraum die Angaben nach § 35 Abs. 1 Nr. 1 bis 3;
   b) für den vergleichbaren Erhebungszeitraum des vorausgehenden Kalenderjahres die Angaben nach § 35 Abs. 1 Nr. 1 und 3 unter Berücksichtigung der rückwirkenden Entscheidungen aus den folgenden zwölf Monaten;
2. jährlich die Angaben nach § 35 Abs. 1 Nr. 3 bis 9 für den Monat Dezember unter Berücksichtigung der rückwirkenden Entscheidungen aus dem folgenden Kalendervierteljahr.

(2) Einzelangaben nach § 35 Abs. 1 aus einer Zufallsstichprobe mit einem Auswahlsatz von 25 Prozent der wohngeldberechtigten Personen sind dem Statistischen Bundesamt jährlich unverzüglich nach Ablauf des Erhebungszeitraums für Zusatzaufbereitungen zur Verfügung zu stellen. Zu diesem Zweck dürfen die Einzelangaben auch dem Bun-desministerium für Umwelt, Naturschutz, Bau und Reaktorsicherheit oder, wenn die Aufgabe der Zusatzaufbereitung an das Bundesamt für Bauwesen und Raumordnung übertragen worden ist, an dieses übermittelt werden. Dabei sind mehr als fünf zu berücksichtigende Haushaltsmitglieder, die Wohnraum gemeinsam bewohnen, in einer Gruppe zusammenzufassen. Bei der empfangenden Stelle ist eine Organisationseinheit einzurichten, die räumlich, organisatorisch und personell von anderen Aufgabenbereichen zu trennen ist. Die in dieser Organisationseinheit tätigen Personen müssen Amtsträger oder für den öffentlichen Dienst besonders Verpflichtete sein. Sie dürfen aus ihrer Tätigkeit gewonnene Erkenntnisse nur für Zwecke des § 34 Abs. 1 verwenden. Die nach Satz 2 übermittelten Einzelangaben dürfen nicht mit anderen Daten zusammengeführt werden.

Teil 7
Schlussvorschriften

§ 37 Bußgeld

(1) Ordnungswidrig handelt, wer vorsätzlich oder leichtfertig

1. entgegen § 23 Absatz 1 Satz 1, Absatz 2 oder Absatz 3 eine Auskunft nicht, nicht richtig, nicht vollständig oder nicht rechtzeitig gibt,
2. entgegen § 23 Absatz 1 Satz 3 eine Angabe nicht richtig macht oder
3. entgegen § 27 Abs. 3 Satz 1, auch in Verbindung mit Abs. 4, oder § 28 Abs. 1 Satz 2 oder Abs. 4 Satz 1 eine Änderung in den Verhältnissen, die für den Wohngeldanspruch erheblich ist, nicht, nicht richtig, nicht vollständig oder nicht rechtzeitig mitteilt.

(2) Die Ordnungswidrigkeit kann mit einer Geldbuße bis zu zweitausend Euro geahndet werden.

(3) Verwaltungsbehörden im Sinne des § 36 Abs. 1 Nr. 1 des Gesetzes über Ordnungswidrigkeiten sind die Wohngeldbehörden.

§ 38 Verordnungsermächtigung

Die Bundesregierung wird ermächtigt, durch Rechtsverordnung mit Zustimmung des Bundesrates

1. nähere Vorschriften zur Durchführung dieses Gesetzes über die Ermittlung
   a) der zu berücksichtigenden Miete oder Belastung (§§ 9 bis 12) und
   b) des Einkommens (§§ 13 bis 18)

   zu erlassen, wobei pauschalierende Regelungen getroffen werden dürfen, soweit die Ermittlung im Einzelnen nicht oder nur mit unverhältnismäßig großen Schwierigkeiten möglich ist;

2. die Mietenstufen für Gemeinden festzulegen (§ 12);

3. die Einzelheiten des Verfahrens des automatisierten Datenabgleichs und die Kosten des Verfahrens (§ 33) zu regeln; dabei kann auch geregelt werden, dass die Länder der Datenstelle die Kosten für die Durchführung des Datenabgleichs zu erstatten haben.

§ 39 Wohngeld- und Mietenbericht; Bericht über die Lage und Entwicklung der Wohnungs- und Immobilienwirtschaft in Deutschland

(1) Die Höchstbeträge für Miete und Belastung (§ 12 Absatz 1), die Mietenstufen (§ 12 Absatz 2) und die Höhe des Wohngeldes (§ 19) sind alle zwei Jahre zu überprüfen. Dabei ist der bundesdurchschnittlichen und regionalen Entwicklung der Wohnkosten sowie der Veränderung der Einkommensverhältnisse und der Lebenshaltungskosten Rechnung zu tragen. Die Bundesregierung berichtet dem Deutschen Bundestag über die Überprüfung nach den Sätzen 1 und 2, über die Durchführung dieses Gesetzes und über die Entwicklung der Mieten für Wohnraum alle zwei Jahre bis zum 30. Juni. Dabei fließen auch miet- und wohnungsmarktrelevante Daten der Länder ein. Der erste erweiterte Bericht erfolgt bis zum 30. Juni 2017.

(2) Die Bundesregierung berichtet dem Deutschen Bundestag über die Lage und Entwicklung der Wohnungs- und Immobilienwirtschaft in Deutschland alle vier Jahre bis zum 30. Juni. Der nächste Bericht erfolgt bis zum 30. Juni 2017. Eine in gleichen Jahr vorzulegende Berichterstattung nach Absatz 1 ist jeweils zu integrieren.

§ 40 Einkommen bei anderen Sozialleistungen

Das einer vom Wohngeld ausgeschlossenen wohngeldberechtigten Person bewilligte Wohngeld ist bei Sozialleistungen nicht als deren Einkommen zu berücksichtigen.

§ 41 Auswirkung von Rechtsänderungen auf die Wohngeldentscheidung

(1) Ist im Zeitpunkt des Inkrafttretens von Änderungen dieses Gesetzes oder der Wohngeldverordnung über einen Wohngeldantrag noch nicht entschieden, ist für die Zeit bis zum Inkrafttreten der Änderungen nach dem bis dahin geltenden Recht, für die darauf folgende Zeit nach dem neuen Recht zu entscheiden. Ist über einen nach dem Zeitpunkt des Inkrafttretens von Änderungen dieses Gesetzes oder der Wohngeldverordnung gestellten Wohngeldantrag, einen Antrag nach § 27 Absatz 1 oder in einem Verfahren nach § 27 Absatz 2 zu entscheiden und beginnt der Bewilli-

gungszeitraum vor dem Zeitpunkt des Inkrafttretens von Änderungen dieses Gesetzes oder der Wohngeldverordnung, ist Satz 1 entsprechend anzuwenden.

(2) Ist vor dem Inkrafttreten von Änderungen dieses Gesetzes oder der Wohngeldverordnung über einen Wohngeldantrag entschieden worden, verbleibt es für die Leistung des Wohngeldes auf Grund dieses Antrages bei der Anwendung des jeweils bis zu der Entscheidung geltenden Rechts.

Teil 8
Überleitungsvorschriften

§ 42 Gesetz zur Neuregelung des Wohngeldrechts und zur Änderung des Sozialgesetzbuches

(1) Ist bis zum 31. Dezember 2008 über einen Wohngeldantrag, einen Antrag nach § 29 Abs. 1 oder Abs. 2 des Wohngeldgesetzes in der bis zum 31. Dezember 2008 geltenden Fassung oder in einem Verfahren nach § 29 Abs. 3 des Wohngeldgesetzes in der bis zum 31. Dezember 2008 geltenden Fassung noch nicht entschieden worden, ist für die Zeit bis zum 31. Dezember 2008 nach dem dahin geltenden Recht, für die darauf folgende Zeit nach dem neuen Recht zu entscheiden. Ist in den Fällen des Satzes 1 das ab dem 1. Januar 2009 zu bewilligende Wohngeld geringer als das für Dezember 2008 zu bewilligende Wohngeld, verbleibt es auch für den Teil des Bewilligungszeitraums ab dem 1. Januar 2009 bei diesem Wohngeld; § 24 Abs. 2 und § 27 Abs. 2 bleiben unberührt.

(2) Ist Wohngeld vor dem 1. Januar 2009 bewilligt worden und liegt mindestens ein Teil des Bewilligungszeitraums im Jahr 2009, ist von Amts wegen über die Leistung des Wohngeldes für den nach dem 31. Dezember 2008 liegenden Teil des Bewilligungszeitraums unter Anwendung des ab dem 1. Januar 2009 geltenden Rechts nach Ablauf des Bewilligungszeitraums schriftlich neu zu entscheiden; ergibt sich kein höheres Wohngeld, verbleibt es bei dem bereits bewilligten Wohngeld. In den Fällen des Satzes 1 sind bei der Entscheidung abweichend von § 24 Abs. 2 die tatsächlichen Verhältnisse im Zeitraum, für den über die Leistung des Wohngeldes rückwirkend neu zu entscheiden ist, zu Grunde zu legen. Die §§ 29 und 30 des Wohngeldgesetzes in der bis zum 31. Dezember 2008 geltenden Fassung und die §§ 27 und 28 bleiben unberührt. Liegt das Ende des Bewilligungszeitraums, über den nach Satz 1 neu zu entscheiden ist, nach dem 31. März 2009, kann eine angemessene vorläufige Zahlung geleistet werden.

(3) Ist über einen nach dem 31. Dezember 2008 gestellten Wohngeldantrag, einen Antrag nach § 27 Abs. 1 oder in einem Verfahren nach § 27 Abs. 2 zu entscheiden und beginnt der Bewilligungszeitraum vor dem 1. Januar 2009, ist Absatz 1 entsprechend anzuwenden.

(4) Wären bei einer Entscheidung nach den Absätzen 1 und 3 Haushaltsmitglieder nach § 6 zu berücksichtigen, die in einem anderen Bescheid für denselben Wohnraum bereits als zum Haushalt rechnende Familienmitglieder berücksichtigt worden sind, bleibt dieser andere Bescheid von der Entscheidung nach den Absätzen 1 und 3 unberührt. Bei der Entscheidung nach den Absätzen 1 und 3 ist das Wohngeld ohne die Haushaltsmitglieder nach Satz 1 und unter entsprechender Anwendung des § 11 Abs. 3 zu berechnen. Die Fälle der Sätze 1 und 2 gelten als erhebliche Änderung der maßgeblichen Verhältnisse nach § 25 Abs. 1 Satz 2.

(5) Bei Wohn- und Wirtschaftsgemeinschaften von Personen, welche die Voraussetzungen nach § 4 des Wohngeldgesetzes in der bis zum 31. Dezember 2008 geltenden Fassung nicht erfüllen und keinen gemeinsamen Wohngeldbescheid erhalten haben, ist bei der Entscheidung nach Absatz 2 rückwirkend das Wohngeld gemeinsam zu berechnen, wenn die Voraussetzungen nach den §§ 5 und 6 Abs. 1 erfüllt werden. Enden die Bewilligungszeiträume in den Fällen des Satzes 1 nicht gleichzeitig, ist abweichend von Absatz 2 Satz 1 Halbsatz 1 nach dem Ende des zuletzt ablaufenden Bewilligungszeitraums für alle zu berücksichtigenden Haushaltsmitglieder nach § 6 einheitlich neu zu entscheiden. Beträgt der Zeitraum zwischen dem Ende des zuerst ablaufenden Bewilligungszeitraums und dem Ende des zuletzt ablaufenden Bewilligungszeitraums mehr als drei Monate, ist auf Antrag eine angemessene vorläufige Zahlung zu leisten.

§ 42a Übergangsregelung aus Anlass des Gesetzes zur Reform des Wohngeldrechts und zur Änderung des Wohnraumförderungsgesetzes

(1) Ist Wohngeld vor dem 1. Januar 2016 bewilligt worden und liegt mindestens ein Teil des Bewilligungszeitraums nach dem 31. Dezember 2015, so ist abweichend von § 41 Absatz 2 von Amts wegen über die Leistung des Wohngeldes für den Zeitraum vom 1. Januar 2016 bis zum Ende des bisherigen Bewilligungszeitraums neu zu entscheiden. Bei der Entscheidung nach Satz 1 sind die §§ 12 und 16 Satz 1 bis 4 und § 19 dieses Gesetzes sowie die Anlage zu § 1 Absatz 3 der Wohngeldverordnung in der ab dem 1. Januar 2016 geltenden Fassung anzuwenden, alle anderen Vorschriften in der bis zum 31. Dezember 2015 geltenden Fassung. Ergibt sich

bei der Entscheidung nach Satz 1 kein höheres Wohngeld, verbleibt es bis zum Ende des bisherigen Bewilligungszeitraums bei dem bereits bewilligten Wohngeld. Ist bei der Entscheidung nach Satz 1 nicht berücksichtigt worden, dass sich die Anzahl der zu berücksichtigenden Haushaltsmitglieder, die zu berücksichtigende Miete oder Belastung oder das Gesamteinkommen verändert hat oder das Wohngeld zweckwidrig verwendet wird, so ist abweichend von § 45 des Zehnten Buches Sozialgesetzbuch die Entscheidung nach Satz 1 nur rechtswidrig, wenn gleichzeitig die Voraussetzungen des § 27 oder § 28 Absatz 2 dieses Gesetzes vorliegen; im Übrigen bleibt § 45 des Zehnten Buches Sozialgesetzbuch unberührt. Wird die Entscheidung nach Satz 1 unter den Voraussetzungen des § 45 des Zehnten Buches Sozialgesetzbuch zurückgenommen, wird der bisherige Bewilligungsbescheid wieder wirksam; die §§ 27 und 28 bleiben unberührt. Ist Wohngeld vor dem 1. Januar 2016 bewilligt worden und liegt mindestens ein Teil des Bewilligungszeitraums nach dem 31. Dezember 2015 und ist über einen Antrag nach § 27 Absatz 1 oder in einem Verfahren nach § 27 Absatz 2 neu zu entscheiden, so ist für die Zeit bis zum 31. Dezember 2015 nach dem dahin geltenden Recht, ab dem 1. Januar 2016 bis zum Ende des bisherigen Bewilligungszeitraums nach neuem Recht nach Maßgabe des Satzes 2 und danach vollständig nach neuem Recht zu entscheiden. Der Bewilligungsbescheid nach Satz 1 muss auf die besonderen Entscheidungsgrundlagen der Sätze 1 bis 5 hinweisen, insbesondere darauf, dass eine Entscheidung nach § 27 oder § 28 Absatz 2 dem Bewilligungsbescheid nach Satz 1 nach nachfolgen kann und bezogen auf den Zeitpunkt der Änderung, der auch vor dem 1. Januar 2016 liegen kann, das Wohngeld wegfallen oder sich verringern kann.

(2) Ist bis zum 31. Dezember 2015 über einen Wohngeldantrag nach § 22 noch nicht entschieden, so ist für die Zeit bis zum 31. Dezember 2015 nach dem bis dahin geltenden Recht und für die darauffolgende Zeit nach dem neuen Recht zu entscheiden. Ist in den Fällen des Satzes 1 das ab dem 1. Januar 2016 zu bewilligende Wohngeld geringer als das für Dezember 2015 zu bewilligende Wohngeld, verbleibt es auch für den Teil des Bewilligungszeitraums ab dem 1. Januar 2016 bei diesem Wohngeld. Ist über einen nach dem 31. Dezember 2015 gestellten Wohngeldantrag nach § 22 zu entscheiden und beginnt der Bewilligungszeitraum vor dem 1. Januar 2016, so sind die Sätze 1 und 2 entsprechend anzuwenden. § 24 Absatz 2 und § 27 bleiben unberührt.

(3) In Fällen des § 31 Absatz 1 Satz 1 des Unterhaltssicherungsgesetzes sind § 14 Absatz 2 Num-

mer 23 und § 20 Absatz 1 dieses Gesetzes in der bis zum 31. Oktober 2015 geltenden Fassung anzuwenden. Im Übrigen gelten die Absätze 1 und 2.

§ 43 Weitergeltung bisherigen Rechts

(1) Ist nach dem 31. Dezember 2000 bis zum 14. Juli 2005 über einen Wohngeldantrag entschieden worden, liegt der Bewilligungszeitraum mindestens teilweise in der Zeit vom 1. Januar 2001 bis 31. Dezember 2004 und ergibt sich auf Grund der §§ 10a und 10b des Wohngeldgesetzes in der bis zum 31. Dezember 2008 geltenden Fassung eine Änderung des Wohngeldes oder im Fall einer früheren Ablehnung ein Wohngeldanspruch, ist über die Leistung des Wohngeldes von Amts wegen unter Aufhebung des bisherigen Wohngeldbescheides vom Zeitpunkt der rückwirkenden Änderung an neu zu entscheiden; § 31 ist nicht anzuwenden. Der Wohngeldbescheid ist in dem Umfang nicht aufzuheben, in dem sich die dem Wohngeldempfänger oder der Wohngeldempfängerin gewährte Hilfe in besonderen Lebenslagen nach dem Bundessozialhilfegesetz wegen des auf Grund des Bescheides geleisteten Wohngeldes verringert hat. Für die Neuentscheidung kann ein einziger Bewilligungszeitraum festgesetzt werden. Ein gestellter Wohngeldantrag ist in der Regel als bis zu dem Zeitpunkt der Neuentscheidung nach Satz 1 gestellt anzusehen.

(2) Die §§ 10c und 40 Abs. 5 des Wohngeldgesetzes in der bis zum 31. Dezember 2008 geltenden Fassung sind weiterhin anzuwenden.

§ 44 Einmaliger zusätzlicher Wohngeldbetrag

(1) Ist Wohngeld bewilligt worden und liegt mindestens ein Monat des Bewilligungszeitraums in der Zeit vom 1. Oktober 2008 bis zum 31. März 2009, ist von Amts wegen ein einmaliger zusätzlicher Wohngeldbetrag nach der Anzahl der zu berücksichtigenden Personen zu leisten. Zu berücksichtigende Personen im Sinne des Satzes 1 sind die zum Haushalt rechnenden Familienmitglieder im Sinne des § 4 des Wohngeldgesetzes in der bis zum 31. Dezember 2008 geltenden Fassung oder die zu berücksichtigenden Haushaltsmitglieder (§ 6). Der einmalige zusätzliche Wohngeldbetrag beträgt für

eine zu berücksichtigende Person	100 Euro,
zwei zu berücksichtigende Personen	130 Euro,
drei zu berücksichtigende Personen	155 Euro,
vier zu berücksichtigende Personen	180 Euro,
fünf zu berücksichtigende Personen	205 Euro und
jede weitere zu berücksichtigende Person zusätzlich	25 Euro.

(2) Für die Berechnung des einmaligen zusätzlichen Wohngeldbetrages ist die Anzahl der zu berücksichtigenden Personen maßgebend, die bei der Wohngeldbewilligung im Sinne des Absatzes 1 Satz 1 zu Grunde gelegt wurde. Liegt der Wohngeldbewilligung für Oktober 2008 bis März 2009 eine unterschiedliche Anzahl der zu berücksichtigenden Personen zu Grunde, ist der erste Monat des Zeitraums Oktober 2008 bis März 2009 maßgebend, für den Wohngeld bewilligt wurde.

(3) Der einmalige zusätzliche Wohngeldbetrag wird nur an den Wohngeldempfänger, ein zum Haushalt rechnendes Familienmitglied im Sinne des § 28 Abs. 1 Satz 1 und 2 des Wohngeldgesetzes in der bis zum 31. Dezember 2008 geltenden Fassung, die wohngeldberechtigte Person oder an ein anderes Haushaltsmitglied geleistet. Im Übrigen bleiben § 28 des Wohngeldgesetzes in der bis zum 31. Dezember 2008 geltenden Fassung und § 26 unberührt.

(4) Wird nach der Leistung des einmaligen zusätzlichen Wohngeldbetrages der Wohngeldbescheid, welcher der Wohngeldbewilligung im Sinne des Absatzes 1 Satz 1 zu Grunde liegt, aufgehoben oder unwirksam, ist dieser Betrag abweichend von § 28 Abs. 6 nur zu erstatten, wenn für keinen der Monate Oktober 2008 bis März 2009 ein Wohngeldanspruch mehr besteht. Entfällt auf Grund der Aufhebung oder der Unwirksamkeit des Wohngeldbescheides nach Satz 1 der Wohngeldanspruch für den Monat, der für die Berechnung des einmaligen zusätzlichen Wohngeldbetrages nach Absatz 2 maßgebend war, und besteht ein Wohngeldanspruch noch für mindestens einen der Monate Oktober 2008 bis März 2009, ist über die Leistung des einmaligen zusätzlichen Wohngeldbetrages nach Maßgabe des Absatzes 1 und 2 neu zu entscheiden, wenn sich die Anzahl der zu berücksichtigenden Personen ändert. Ist Wohngeld vor dem 1. Januar 2009 bewilligt worden, liegt mindestens ein Teil des Bewilligungszeitraums in einem der Monate Januar bis März 2009 und wird der Wohngeldbescheid nach Satz 1 mindestens für die Monate Oktober bis Dezember 2008 aufgehoben oder unwirksam, bleibt für die Berechnung des einmaligen zusätzlichen Wohngeldbetrages die Zahl der zum Haushalt rechnenden Familienmitglieder nach § 4 des Wohngeldgesetzes in der bis zum 31. Dezember 2008 geltenden Fassung für den ersten Monat des Zeitraums Januar bis März 2009, für den Wohngeld bewilligt wurde, maßgebend. Satz 3 gilt auch, wenn bereits nach § 27 oder § 42 Abs. 2 oder Abs. 5 entschieden worden ist.

(5) Der einmalige zusätzliche Wohngeldbetrag ist bei Sozialleistungen, deren Zahlung von anderen Einkommen abhängig ist, nicht als Einkommen zu berücksichtigen.

Anlage 1
(zu § 19 Absatz 1)

Werte für „a", „b" und „c"

Die in die Formel nach § 19 Absatz 1 Satz 1 einzusetzenden, nach der Anzahl der zu berücksichtigenden Haushaltsmitglieder unterschiedenen Werte „a", „b" und „c" sind der nachfolgenden Tabelle zu entnehmen:

	1 Haushalts-mitglied	2 Haushalts-mitglieder	3 Haushalts-mitglieder	4 Haushalts-mitglieder	5 Haushalts-mitglieder	6 Haushalts-mitglieder
a	4,000E-2	3,000E-2	2,000E-2	1,000E-2	0	− 1,000E-2
b	6,300E-4	4,400E-4	3,800E-4	3,400E-4	3,000E-4	2,800E-4
c	1,380E-4	1,030E-4	8,300E-5	4,300E-5	4,200E-5	3,600E-5

	7 Haushalts-mitglieder	8 Haushalts-mitglieder	9 Haushalts-mitglieder	10 Haushalts-mitglieder	11 Haushalts-mitglieder	12 Haushalts-mitglieder
a	− 2,000E-2	− 3,000E-2	− 4,000E-2	− 6,000E-2	− 1,000E-1	− 1,400E-1
b	2,600E-4	2,300E-4	2,000E-4	1,600E-4	1,200E-4	1,100E-4
c	3,700E-5	3,700E-5	3,900E-5	4,500E-5	5,300E-5	6,000E-5.

Hierbei bedeuten:

E-1 geteilt durch   10,
E-2 geteilt durch   100,
E-4 geteilt durch   10 000,
E-5 geteilt durch   100 000.

Anlage 2
(zu § 19 Absatz 2)

Rechenschritte und Rundungen

1. Werte für „M" und „Y", die unterhalb der folgenden Tabellenwerte liegen, werden durch diese ersetzt:

	1 Haushalts-mitglied	2 Haushalts-mitglieder	3 Haushalts-mitglieder	4 Haushalts-mitglieder	5 Haushalts-mitglieder	6 Haushalts-mitglieder
M	48	59	70	81	91	91
Y	239	310	360	389	463	537

	7 Haushalts-mitglieder	8 Haushalts-mitglieder	9 Haushalts-mitglieder	10 Haushalts-mitglieder	11 Haushalts-mitglieder	12 Haushalts-mitglieder
M	102	113	124	134	155	263
Y	610	684	758	832	1085	1255.

2. Das ungerundete monatliche Wohngeld ergibt sich durch Einsetzen der Werte für „a", „b", „c" (Anlage 1) und für „M" und „Y" in die Formel nach § 19 Absatz 1 Satz 1 und durch Ausführen der vier folgenden Rechenschritte:
Berechnung der Dezimalzahlen
$z1 = a + b \cdot M + c \cdot Y$,
$z2 = z1 \cdot Y$,
$z3 = M - z2$,
$z4 = 1{,}15 \cdot z3$.
Hierbei sind die Dezimalstellen als Festkommazahlen mit zehn Nachkommastellen zu berechnen.

3. Dieses ungerundete monatliche Wohngeld ist bis unter 0,50 Euro auf den nächsten vollen Euro-Betrag abzurunden sowie von 0,50 Euro an auf den nächsten vollen Euro-Betrag aufzurunden.

Wohngeldverordnung –
(WoGV)

**in der Fassung der Bekanntmachung
vom 19. Oktober 2001 (BGBl. I S.**

2722)

Zuletzt geändert durch
Gesetz zur Reform des Wohngeldrechts und zur Änderung des Wohnraumförderungsgesetzes
vom 2. Oktober 2015 (BGBl. I S. 1610)

Inhaltsübersicht

Teil 1
Anwendungsbereich

§ 1 Anwendungsbereich

(1) Die Miete und der Mietwert im Sinne des Wohngeldgesetzes sind nach den Vorschriften des Teils 2 dieser Verordnung zu ermitteln.

(2) Die Belasung im Sinne des Wohngeldgesetzes ist nach Teil 3 dieser Verordnung zu berechnen, soweit nicht nach § 10 Abs. 2 Satz 2 des Wohngeldgesetzes von einer vollständigen Wohngeld-Lastenberechnung abgesehen werden kann.

(3) Die Mietenstufen für Gemeinden ergeben sich aus der dieser Verordnung beigefügten Anlage.

Teil 2
Ermittlung der Miete

§ 2 Miete

(1) Zur Miete im Sinne von § 9 Abs. 1 des Wohngeldgesetzes gehören auch Beträge, die im Zusammenhang mit dem Miet- oder mietähnlichen Nutzungsverhältnis auf Grund eines Vertrages mit dem Vermieter oder einem Dritten an einen Dritten zu zahlen sind.

(2) Von der Miete sind keine anderen Beträge als die in § 9 Absatz 2 des Wohngeldgesetzes genannten Kosten und Vergütungen abzusetzen. § 5 bleibt unberührt.

§ 3 Mietvorauszahlungen und Mieterdarlehen

(1) Ist die Miete ganz oder teilweise im Voraus bezahlt worden (Mietvorauszahlung), sind die im Voraus bezahlten Beträge so zu behandeln, als ob sie jeweils in dem Zeitraum bezahlt worden wären, für den sie bestimmt sind.

(2) Hat der Mieter dem Vermieter ein Mieterdarlehen gegeben und wird die Forderung des Mieters aus dem Mieterdarlehen ganz oder teilweise mit der Miete verrechnet, gehören zur Miete auch die Beträge, um die sich die Miete hierdurch tatsächlich vermindert.

§ 4 Sach- und Dienstleistungen des Mieters

(1) Erbringt der Mieter Sach- oder Dienstleistungen für den Vermieter und wird deshalb die Miete ermäßigt, ist die ermäßigte Miete zu Grunde zu legen.

(2) Erbringt der Mieter Sach- oder Dienstleistungen für den Vermieter und erhält er dafür von diesem eine bestimmte Vergütung, ist diese Vergütung ohne Einfluss auf die Miete.

§ 5 Nicht feststehende Betriebskosten

Stehen bei der Entscheidung über den Mietzuschussantrag die Umlagen für Betriebskosten ganz oder teilweise nicht fest, sind Erfahrungswerte als Pauschbeträge anzusetzen.

§ 6 Außer Betracht bleibende Kosten und Vergütungen

(1) Kosten, die nach § 9 Absatz 2 Nummer 1und 2 des Wohngeldgesetzes außer Betracht bleiben, sind:

1. Betriebskosten für Heizungs- und Brennstoffversorgungsanlagen sowie Warmwasserversorgungsanlagen im Sinne des § 2 Nummer 4 Buchstabe a, b und d, Nummer 5 Buchstabe a und c und Nummer 6 Buchstabe a und c der Betriebskostenverordnung;
2. Kosten der eigenständig gewerblichen Lieferung von Wärme und Warmwasser im Sinne des § 2 Nummer 4 Buchstabe c, Nummer 5 Buchstabe b und Nummer 6 Buchstabe b der Betriebskostenverordnung.

(2) Kommt nach § 9 Absatz 2 Satz 2 des Wohngeldgesetzes nur der Abzug eines Pauschbetrages von der Miete in Betracht, so beträgt dieser:

1. für Betriebskosten für zentrale Heizungs- und Brennstoffversorgungsanlagen oder für die Kosten der eigenständig gewerblichen Lieferung von Wärme 1,25 Euro monatlich je Quadratmeter Wohnfläche;
2. für Betriebskosten für zentrale Warmwasserversorgungsanlagen oder für die Kosten der eigenständig gewerblichen Lieferung von Warmwasser für eine Bewohnerin oder einen Bewohner 9 Euro monatlich, für zwei Bewohnerinnen oder Bewohner 17 Euro monatlich und für jede weitere Bewohnerin oder jeden weiteren Bewohner 3 Euro monatlich;
3. für die übrigen Kosten der Haushaltsenergie für eine Bewohnerin oder einen Bewohner 41 Euro monatlich, für zwei Bewohnerinnen oder Bewohner 74 Euro monatlich und für jede weitere Bewohnerin oder jeden weiteren Bewohner 15 Euro monatlich;
4. für die Überlassung einer Garage 36 Euro monatlich; für die Überlassung eines Stellplatzes zum Abstellen von Kraftfahrzeugen 25 Euro monatlich.

§ 7 Mietwert

(1) Als Mietwert des Wohnraums (§ 9 Abs. 3 Satz 1 des Wohngeldgesetzes) soll der Betrag zu Grunde gelegt werden, der der Miete für vergleichbaren Wohnraum entspricht. Dabei sind Unterschiede des Wohnwertes, insbesondere in der Größe, Lage und

Ausstattung des Wohnraums, durch angemessene Zu- oder Abschläge zu berücksichtigen.

(2) Der Mietwert ist zu schätzen, wenn ein der Miete für vergleichbaren Wohnraum entsprechender Betrag nicht zu Grunde gelegt werden kann.

Teil 3
Wohngeld-Lastenberechnung

§ 8 Aufstellung der Wohngeld-Lastenberechnung

Bei der Aufstellung der Wohngeld-Lastenberechnung ist von der im Bewilligungszeitraum zu erwartenden Belastung auszugehen. Ist die Belastung für das dem Bewilligungszeitraum vorangegangene Kalenderjahr feststellbar und ist eine Änderung im Bewilligungszeitraum nicht zu erwarten, ist von dieser Belastung auszugehen.

§ 9 Gegenstand und Inhalt der Wohngeld-Lastenberechnung

(1) Als Belastung ist die Belastung zu berücksichtigen, die auf den selbst genutzten Wohnraum entfällt. Selbst genutzter Wohnraum ist der Wohnraum, der von der wohngeldberechtigten Person und den zu berücksichtigenden Haushaltsmitgliedern zu Wohnzwecken benutzt wird.

(2) Als Belastung ist zu berücksichtigen:
1. bei einer Eigentumswohnung die Belastung für den im Sondereigentum stehenden Wohnraum und den damit verbundenen Miteigentumsanteil an dem gemeinschaftlichen Eigentum,
2. bei einer Wohnung in der Rechtsform des eigentumsähnlichen Dauerwohnrechts die Belastung für den Wohnraum und den Teil des Grundstücks, auf den sich das Dauerwohnrecht erstreckt,
3. bei einem landwirtschaftlichen Betrieb die Belastung für den Wohnraum.

(3) In die Wohngeld-Lastenberechnung sind in den Fällen des § 3 Abs. 2 des Wohngeldgesetzes auch zugehörige Nebengebäude, Anlagen und bauliche Einrichtungen sowie das Grundstück einzubeziehen; dies gilt jedoch nicht bei einem landwirtschaftlichen Betrieb mit Wohnteil. Das Grundstück besteht aus den überbauten und den dazugehörigen Flächen.

(4) In der Wohngeld-Lastenberechnung sind die Fremdmittel und die Belastung auszuweisen.

§ 10 Fremdmittel

Fremdmittel im Sinne dieser Verordnung sind
1. Darlehen,
2. gestundete Restkaufgelder,

3. gestundete öffentliche Lasten des Grundstücks ohne Rücksicht darauf, ob sie dinglich gesichert sind oder nicht.

§ 11 Ausweisung der Fremdmittel

(1) In der Wohngeld-Lastenberechnung sind Fremdmittel mit dem Nennbetrag auszuweisen, wenn sie der Finanzierung folgender Zwecke gedient haben:
1. des Wohnungsbaus im Sinne des § 16 Abs. 1 und 2 des Wohnraumförderungsgesetzes; maßgebend ist der Wohnraumbegriff des § 2 des Wohngeldgesetzes;
2. der Verbesserung des Gegenstandes der Wohngeld-Lastenberechnung durch Modernisierung im Sinne des § 16 Abs. 3 des Wohnraumförderungsgesetzes; maßgebend ist der Wohnraumbegriff des § 2 des Wohngeldgesetzes;
3. der nachträglichen Errichtung oder des nachträglichen Ausbaus einer dem öffentlichen Verkehr dienenden Verkehrsfläche oder des nachträglichen Anschlusses an Versorgungs- und Entwässerungsanlagen;
4. des Kaufpreises und der Erwerbskosten für den Gegenstand der Wohngeld-Lastenberechnung.

Zu den mit dem Nennbetrag auszuweisenden Fremdmitteln gehören auch Darlehen zur Deckung der laufenden Aufwendungen sowie Annuitätsdarlehen aus Mitteln öffentlicher Haushalte.

(2) Sind die in Absatz 1 bezeichneten Fremdmittel durch andere Fremdmittel ersetzt worden, so sind in der Wohngeld-Lastenberechnung die anderen Fremdmittel an Stelle der ersetzten Fremdmittel höchstens mit dem Betrag auszuweisen, der bis zur Ersetzung noch nicht getilgt war. Eine Ersetzung liegt nicht vor, wenn Dauerfinanzierungsmittel an die Stelle von Zwischenfinanzierungsmitteln treten.

(3) Ist für die in den Absätzen 1 und 2 bezeichneten Fremdmittel Kapitaldienst nicht, noch nicht oder nicht mehr zu leisten, sind sie in der Wohngeld-Lastenberechnung nicht auszuweisen.

§ 12 Belastung aus dem Kapitaldienst

(1) Als Belastung aus dem Kapitaldienst sind auszuweisen:
1. die Zinsen und laufenden Nebenleistungen, insbesondere Verwaltungskostenbeiträge der ausgewiesenen Fremdmittel,
2. die Tilgungen der ausgewiesenen Fremdmittel,
3. die laufenden Bürgschaftskosten der ausgewiesenen Fremdmittel,
4. die Erbbauzinsen, Renten und sonstigen wiederkehrenden Leistungen zur Finanzierung der in § 11 genannten Zwecke.

Als Tilgungen sind auch die

a) Prämien für Personenversicherungen zur Rückzahlung von Festgeldhypotheken und

b) Bausparbeiträge, wenn der angesparte Betrag für die Rückzahlung von Fremdmitteln zweckgebunden ist,

in Höhe von 2 Prozent dieser Fremdmittel auszuweisen.

(2) Für die in Absatz 1 Nr. 1 und 2 genannte Belastung aus dem Kapitaldienst darf höchstens die vereinbarte Jahresleistung angesetzt werden. Ist die tatsächliche Leistung geringer, ist die geringere Leistung anzusetzen.

§ 13 Belastung aus der Bewirtschaftung

(1) Als Belastung aus der Bewirtschaftung sind Instandhaltungskosten, Betriebskosten ohne die Heizkosten und Verwaltungskosten auszuweisen.

(2) Als Instandhaltungs- und Betriebskosten sind im Jahr 36 Euro je Quadratmeter Wohnfläche und je Quadratmeter Nutzfläche der Geschäftsräume sowie die für den Gegenstand der Wohngeld-Lastenberechnung entrichtete Grundsteuer anzusetzen. Als Verwaltungskosten sind die für den Gegenstand der Wohngeld-Lastenberechnung an einen Dritten für die Verwaltung geleisteten Beträge anzusetzen. Über die in den Sätzen 1 und 2 genannten Beträge hinaus dürfen Bewirtschaftungskosten nicht angesetzt werden.

§ 14 Nutzungsentgelte und Wärmelieferungskosten

(1) Leistet die wohngeldberechtigte Person an Stelle des Kapitaldienstes, der Instandhaltungskosten, der Betriebskosten und der Verwaltungskosten ein Nutzungsentgelt in der Wohngeld-Lastenberechnung in Höhe der nach den §§ 12 und 13 ansetzbaren Beträge anzusetzen. Soweit die Beträge nach Satz 1 im Nutzungsentgelt nicht enthalten sind und von der wohngeldberechtigten Person unmittelbar an den Gläubiger entrichtet werden, sind diese Beträge dem Nutzungsentgelt hinzuzurechnen. Soweit eine Aufgliederung des Nutzungsentgelts nicht möglich ist, ist in der Wohngeld-Lastenberechnung das gesamte Nutzungsentgelt anzusetzen.

(2) Bezahlt die wohngeldberechtigte Person Beträge zur Deckung der Kosten der eigenständig gewerblichen Lieferung von Wärme und Warmwasser, so sind diese Beträge mit Ausnahme der in § 15 Abs. 2 Satz 1 Nr. 2 bezeichneten Kosten in der Wohngeld-Lastenberechnung anzusetzen. § 6 Abs. 2 Satz 1 Nr. 1 und 2 ist entsprechend anzuwenden.

§ 15 Außer Betracht bleibende Belastung

(1) In den Fällen des § 11 Abs. 2 Nr. 1 des Wohngeldgesetzes bleibt die Belastung insoweit außer Betracht, als sie auf die in § 9 Abs. 2 und 3 dieser Verordnung bezeichneten Räume oder Flächen entfällt, die ausschließlich gewerblich oder beruflich benutzt werden. Soweit die Belastung auf Räume oder Flächen entfällt, die zum Wirtschaftsteil einer Kleinsiedlung oder einer landwirtschaftlichen Nebenerwerbsstelle gehören, wird sie jedoch berücksichtigt, soweit sie nicht nach § 11 Abs. 2 und 3 des Wohngeldgesetzes außer Betracht bleiben.

(2) In den Fällen des § 11 Abs. 2 Nr. 2 des Wohngeldgesetzes sind von dem Entgelt für die Gebrauchsüberlassung von Räumen oder Flächen an einen anderen die darin enthaltenen Beträge

1. zur Deckung der Betriebskosten für Heizungs- und Brennstoffversorgungsanlagen sowie Warmwasserversorgungsanlagen und

2. zur Deckung der Kosten der eigenständig gewerblichen Lieferung von Wärme und Warmwasser, soweit sie den in Nummer 1 bezeichneten Kosten entsprechen,

abzusetzen. § 6 Abs. 1 und 2 dieser Verordnung ist entsprechend anzuwenden.

(3) Ist eine Garage oder ein Stellplatz zum Abstellen von Kraftfahrzeugen Gegenstand der Wohngeld-Lastenberechnung, gilt hinsichtlich der außer Betracht bleibenden Belastung § 6 Absatz 2 Nummer 4 entsprechend. Ist die Garage oder der Stellplatz einem anderen gegen ein höheres Entgelt überlassen als zu den in § 6 Absatz 2 Nummer 4 genannten Beträgen, so ist das Entgelt in voller Höhe abzusetzen.

Teil 4
Verfahren und Kosten des automatisierten Datenabgleichs

§ 16 Anwendungsbereich

Die §§ 17 bis 22 gelten für den automatisierten Datenabgleich nach § 33 Absatz 5 in Verbindung mit Absatz 2 des Wohngeldgesetzes zwischen der Wohngeldbehörde, der sonst nach Landesrecht für den Datenabgleich zuständigen oder von der Landesregierung durch Rechtsverordnung oder auf sonstige Weise für den Datenabgleich bestimmten Stelle (zentrale Landesstelle) und der Datenstelle der Träger der Rentenversicherung (Datenstelle), dem Bundeszentralamt für Steuern, der Deutschen Post AG sowie der Deutschen Rentenversicherung Knappschaft-Bahn-See. Rechtsverordnungen der

Landesregierungen, die über die Regelungen der §§ 16 bis 22 hinausgehen, bleiben unberührt.

§ 17 Abgleichzeitraum und Übermittlungsverfahren

(1) Der automatisierte Datenabgleich nach § 33 Absatz 5 in Verbindung mit Absatz 2 Satz 1 des Wohngeldgesetzes wird vierteljährlich für das ihm jeweils vorangegangene Kalendervierteljahr (Abgleichszeitraum) durchgeführt. Abweichend von Satz 1 werden in den Datenabgleich nach § 18 Absatz 2 im vierten Kalendervierteljahr alle zu berücksichtigenden Haushaltsmitglieder einbezogen, die innerhalb der dem Abgleich vorangegangenen zwölf Kalendermonate bei der Berechnung des Wohngeldes berücksichtigt wurden.

(2) Die Wohngeldbehörde übermittelt der Datenstelle nach § 33 Absatz 5 in Verbindung mit Absatz 2 Satz 1 Nummer 1, 2, 6 und 7 des Wohngeldgesetzes zwischen dem ersten und dem 15. des auf den Abgleichszeitraum folgenden Monats für jedes im Abgleichszeitraum bei der Berechnung des Wohngeldes berücksichtigte Haushaltsmitglied einen Anfragedatensatz. Der Anfragedatensatz enthält die Wohngeldnummer und die in § 33 Absatz 3 Satz 1 Nummer 1 bis 3, 5 und 6 des Wohngeldgesetzes genannten Daten. Er wird über die zentrale Landesstelle übermittelt, wenn diese für die Erfassung und Weiterübermittlung der Daten an die Datenstelle zuständig ist.

(3) Die Datenstelle übermittelt die Anfragedatensätze bis zum Ende des auf den Abgleichszeitraum folgenden Monats an

1. das Bundeszentralamt für Steuern,
2. die Deutsche Post AG und
3. die Deutsche Rentenversicherung Knappschaft-Bahn-See.

Im Fall des Satzes 1 Nummer 1 werden vor der Übermittlung der Anfragedatensätze die Angaben zum Geschlecht und Geburtsort entfernt. Im Fall des Satzes 1 Nummer 2 und 3 werden die Anfragedatensätze, wenn möglich, um die Versicherungsnummer ergänzt. Die in Satz 1 genannten Stellen übermitteln die Antwortdatensätze bis zum 15. des zweiten auf den Abgleichszeitraum folgenden Monats an die Datenstelle.

(4) Die Datenstelle übermittelt der Wohngeldbehörde die Antwortdatensätze aus dem automatisierten Datenabgleich nach § 18 Absatz 1 und die Antwortdatensätze nach Absatz 3 Satz 4 bis zum Ende des zweiten auf den Abgleichszeitraum folgenden Monats. Im Fall des Absatzes 2 Satz 3 erfolgt die Übermittlung über die zentrale Landesstelle, die in diesem Fall die Antwortdatensätze ordnend aufbereiten darf.

§ 18 Einzelheiten des automatisierten Datenabgleichs

(1) Die Datenstelle gleicht die ihr nach § 17 Absatz 2 übermittelten Daten ab mit den bei ihr gespeicherten Daten nach

1. § 52 Absatz 1 und 2 des Zweiten Buches Sozialgesetzbuch zur Prüfung, ob und für welche Zeiträume im Abgleichszeitraum Leistungen nach dem Zweiten Buch Sozialgesetzbuch empfangen wurden,
2. § 118 Absatz 2 des Zwölften Buches Sozialgesetzbuch zur Prüfung, ob und für welche Zeiträume im Abgleichszeitraum Leistungen der Grundsicherung im Alter und bei Erwerbsminderung nach dem Zwölften Buch Sozialgesetzbuch empfangen wurden,
3. § 150 des Sechsten Buches Sozialgesetzbuch zur Feststellung der Versicherungsnummer,
4. § 28p Absatz 8 Satz 3 des Vierten Buches Sozialgesetzbuch zur Prüfung des Bestehens einer versicherungspflichtigen oder einer geringfügigen Beschäftigung unter Angabe des jeweiligen Arbeitgebers und des Beschäftigungszeitraums.

(2) Das Bundeszentralamt für Steuern gleicht die ihm nach § 17 Absatz 3 Satz 1 Nummer 1 übermittelten Daten ab mit den bei ihm nach § 45d Absatz 1 und § 45e des Einkommensteuergesetzes in Verbindung mit § 9 Absatz 3 der Zinsinformationsverordnung gespeicherten sind. Dieser automatisierte Datenabgleich dient der Feststellung

1. der Höhe von Kapitalerträgen, für die ein Freistellungsauftrag erteilt worden ist,
2. von Namen und Anschrift des Empfängers oder der Empfängerin des Freistellungsauftrags sowie
3. der Höhe von Zinszahlungen, die dem Bundeszentralamt für Steuern von den zuständigen Behörden anderer Mitgliedstaaten der Europäischen Union mitgeteilt worden sind.

(3) Die Deutsche Post AG und die Deutsche Rentenversicherung Knappschaft-Bahn-See gleichen die ihnen nach § 17 Absatz 3 Satz 1 Nummer 2 und 3 übermittelten Daten mit den Daten ab, die bei ihnen im Rahmen der §§ 119 und 148 des Sechsten Buches Sozialgesetzbuch sowie des § 99 des Siebten Buches Sozialgesetzbuch gespeichert sind. Dieser automatisierte Datenabgleich dient der Feststellung der Höhe und des Leistungszeitraums von

1. laufenden Leistungen und
2. Einmalzahlungen

aus der gesetzlichen Renten- und Unfallversicherung.

§ 19 Anforderungen an die Datenübermittlung und Datenspeicherung

(1) Bei der Datenübermittlung und Datenspeicherung sind alle erforderlichen und angemessenen technischen und organisatorischen Maßnahmen zu treffen, um die Verfügbarkeit, Integrität und Vertraulichkeit der Daten sowie die Authentizität von Absender und Empfänger der übermittelten Daten entsprechend dem jeweiligen Stand der Technik sicherzustellen. Im Fall der Nutzung allgemein zugänglicher Netze sind Verschlüsselungsverfahren anzuwenden, die dem jeweiligen Stand der Technik entsprechen. Die einschlägigen Standards für eine sichere Datenübermittlung durch die Datenstelle sind im Einvernehmen mit dem Bundesamt für Sicherheit in der Informationstechnik festzulegen.

(2) Werden Mängel festgestellt, die eine ordnungsgemäße Übernahme der Daten beeinträchtigen, kann die Übernahme ganz oder teilweise abgelehnt werden. Die übermittelnde Stelle ist über die festgestellten Mängel unter Beachtung der Verfahrensgrundsätze (§ 21) zu unterrichten. Sie soll die abgelehnten Datensätze unverzüglich berichtigen und für den ursprünglichen Abgleichszeitraum erneut übermitteln.

(3) Das Bundeszentralamt für Steuern, die Deutsche Post AG und die Deutsche Rentenversicherung Knappschaft-Bahn-See haben den Eingang der Anfragedatensätze, die ihnen von der Datenstelle übermittelt werden, zu überwachen und die eingegangenen Anfragedatensätze auf Vollständigkeit zu überprüfen. Sie haben der Datenstelle unverzüglich den Eingang zu bestätigen und das Ergebnis der Prüfung auf Vollständigkeit mitzuteilen. Satz 1 gilt entsprechend für die Datenstelle hinsichtlich der ihr vom Bundeszentralamt für Steuern, von der Deutschen Post AG und der Deutschen Rentenversicherung Knappschaft-Bahn-See übermittelten Antwortdatensätze.

(4) Das Bundeszentralamt für Steuern, die Deutsche Post AG, die Deutsche Rentenversicherung Knappschaft-Bahn-See und die Datenstelle haben die ihnen übermittelten Daten unverzüglich nach Abschluss des automatisierten Datenabgleichs zu löschen. Im Fall des § 17 Absatz 2 Satz 3 darf die zentrale Landesstelle die Antwortdatensätze nach Abschluss eines automatisierten Datenabgleichs bis zum Abschluss des nächsten automatisierten Datenabgleichs speichern, um in beiden automatisierten Datenabgleichen identische Antwortdatensätze zu identifizieren.

§ 20 Weiterverwendung der Antwortdatensätze

Die von der Datenstelle oder der zentralen Landesstelle an die Wohngeldbehörde übermittelten Antwortdatensätze dürfen in das Wohngeldfachverfahren übernommen werden und sind durch die Wohngeldbehörde zu überprüfen. Führt die Überprüfung nicht zu abweichenden Feststellungen, sind diese Antwortdatensätze unverzüglich manuell zu löschen. Führt die Überprüfung zu abweichenden Feststellungen, dürfen diese Antwortdatensätze zur Weiterverwendung im Wohngeldfachverfahren gespeichert werden, um eine mögliche rechtswidrige Inanspruchnahme von Wohngeld zu klären und überzahlte Beträge zurückzufordern. In diesem Fall erfolgt eine maschinelle Löschung der Daten erst bei Löschung der Akte im Wohngeldverfahren.

§ 21 Verfahrensgrundsätze

Die technischen Einzelheiten des automatisierten Datenabgleichsverfahrens nach § 16, insbesondere des Aufbaus, der Übermittlung sowie der Prüfung und Berichtigung der Datensätze, sind von der Datenstelle, dem Bundeszentralamt für Steuern, der Deutschen Post AG und der Deutschen Rentenversicherung Knappschaft-Bahn-See und den für die Durchführung des Wohngeldgesetzes zuständigen obersten Landesbehörden in einheitlichen Verfahrensgrundsätzen einvernehmlich festzulegen. Der Bundesbeauftragte für den Datenschutz und die Informationsfreiheit ist vor Festlegung der Verfahrensgrundsätze zu hören. Die Verfahrensgrundsätze sind von der Datenstelle auf der Internetseite der Deutschen Rentenversicherung zu veröffentlichen.

§ 22 Kosten

(1) Die Länder haben der Datenstelle die notwendigen Kosten für die Durchführung und Vermittlung des automatisierten Datenabgleichs nach § 16 zu erstatten. Diese Kostenerstattung richtet sich in den Fällen des § 17 Absatz 2 Satz 3 nach den Absätzen 2 und 3.

(2) Für die Länder, die vor dem 1. Januar 2013 einen automatisierten Datenabgleich unter Vermittlung der Datenstelle durchführen und weiterhin daran teilnehmen, legt die Datenstelle die für das Jahr 2013 zu erstattenden Kosten auf der Grundlage der tatsächlich entstandenen Kosten einheitlich neu fest, wobei jedoch die zu erstattenden Kosten höchstens 3800 Euro je Land betragen. Die festgelegten Kosten erhöhen sich für jedes weitere Kalenderjahr der Teilnahme am automatisierten Datenabgleich pauschal um 3 Prozent. Die Datenstelle teilt den für die Durchführung des Wohngeldgesetzes zuständigen obersten Landesbehörden die zu erstattenden Kosten mit; die Erstattung ist jeweils am 1. April für das laufende Kalenderjahr fällig und berechtigt zur viermaligen Teilnahme am automatisierten Datenabgleich.

(3) Die übrigen Länder haben für das erste Kalenderjahr der Teilnahme eines Landes am automatisierten Datenabgleich pauschal einmalige Kosten in Höhe von 2700 Euro zuzüglich 950 Euro je Kalendervierteljahr der Teilnahme zu erstatten. Die Erstattung ist am 31. Januar des folgenden Kalenderjahres fällig. Für jedes weitere Kalenderjahr der Teilnahme am automatisierten Datenabgleich sind die Kosten nach Absatz 2 Satz 1 in Verbindung mit Absatz 2 Satz 2 zu erstatten; Absatz 2 Satz 3 gilt entsprechend.

5

Anlage
(zu § 1 Absatz 3)

Mietenstufen der Gemeinden nach Ländern ab 1. Januar 2016

Soweit die zu einem Kreis gehörenden Gemeinden in den Tabellen nicht gesondert aufgeführt sind, gilt die Mietenstufe des Kreises für diese Gemeinden.

Zu Grunde liegen Daten der Wohngeldstatistik zum 31. Dezember 2013 einschließlich der bis zum 31. März 2014 erfolgten rückwirkenden Bewilligungen.

Relevanter Gebietsstand ist der 1. Januar 2014; der für die 10 000-Einwohner-Schwelle relevante Stichtag der Bevölkerung ist der 31. Dezember 2013.

Land: Baden-Württemberg

Gemeinde	Mietenstufe
Aalen, Stadt	III
Achern, Stadt	II
Albstadt, Stadt	II
Altensteig, Stadt	II
Ammerbuch	IV
Asperg, Stadt	V
Backnang, Stadt	IV
Bad Dürrheim, Stadt	IV
Bad Friedrichshall, Stadt	III
Bad Krozingen, Stadt	V
Bad Mergentheim, Stadt	II
Bad Rappenau, Stadt	III
Bad Säckingen, Stadt	IV
Bad Schönborn	III
Bad Urach, Stadt	III
Bad Waldsee, Stadt	III
Bad Wurzach, Stadt	II
Baden-Baden, Stadt	IV
Baiersbronn	II
Balingen, Stadt	III
Besigheim, Stadt	IV
Biberach an der Riß, Stadt	III
Bietigheim-Bissingen, Stadt	V
Birkenfeld	III
Blaubeuren, Stadt	II
Blaustein, Stadt	IV
Böblingen, Stadt	V
Bopfingen, Stadt	II
Brackenheim, Stadt	III
Breisach am Rhein, Stadt	IV

Gemeinde	Mietenstufe
Bretten, Stadt	III
Bretzfeld	III
Bruchsal, Stadt	IV
Brühl	IV
Buchen (Odenwald), Stadt	II
Bühl, Stadt	III
Burladingen, Stadt	II
Calw, Stadt	III
Crailsheim, Stadt	II
Denkendorf	IV
Denzlingen	V
Ditzingen, Stadt	V
Donaueschingen, Stadt	II
Donzdorf, Stadt	III
Dossenheim	V
Durmersheim	III
Eberbach, Stadt	II
Ebersbach an der Fils, Stadt	III
Edingen-Neckarhausen	IV
Eggenstein-Leopoldshafen	IV
Ehingen (Donau), Stadt	III
Eislingen/Fils, Stadt	III
Ellwangen (Jagst), Stadt	III
Emmendingen, Stadt	IV
Engen, Stadt	III
Eningen unter Achalm	III
Eppelheim, Stadt	VI
Eppingen, Stadt	II
Erbach	III
Esslingen am Neckar, Stadt	V
Ettenheim, Stadt	II
Ettlingen, Stadt	IV
Fellbach, Stadt	VI
Filderstadt, Stadt	VI
Freiberg am Neckar, Stadt	V
Freiburg im Breisgau, Universitätsstadt	VI
Freudenstadt, Stadt	III
Friedrichshafen, Stadt	V
Friesenheim	II
Gärtringen	V
Gaggenau, Stadt	III
Gaildorf, Stadt	III

Gemeinde	Mietenstufe	Gemeinde	Mietenstufe
Geislingen an der Steige, Stadt	II	Leingarten	IV
Gengenbach, Stadt	III	Leonberg, Stadt	VI
Gerlingen, Stadt	V	Leutenbach	IV
Gernsbach, Stadt	III	Leutkirch im Allgäu, Stadt	II
Gerstetten	II	Linkenheim-Hochstetten	III
Giengen an der Brenz, Stadt	II	Lorch, Stadt	III
Göppingen, Stadt	III	Lörrach, Stadt	IV
Gottmadingen	III	Ludwigsburg, Stadt	V
Graben-Neudorf	III	Malsch	III
Grenzach-Wyhlen	IV	Mannheim, Universitätsstadt	V
Gundelfingen	V	Marbach am Neckar, Stadt	IV
Haigerloch, Stadt	I	Markdorf, Stadt	IV
Hechingen, Stadt	IV	Markgröningen, Stadt	V
Heddesheim	IV	Meckenbeuren	IV
Heidelberg, Stadt	V	Metzingen, Stadt	III
Heidenheim an der Brenz, Stadt	III	Möglingen	V
Heilbronn, Stadt	IV	Mössingen, Stadt	IV
Hemsbach, Stadt	IV	Mosbach, Stadt	III
Herbolzheim, Stadt	III	Mühlacker, Stadt	III
Herbrechtingen, Stadt	II	Müllheim, Stadt	IV
Herrenberg, Stadt	V	Münsingen, Stadt	II
Hockenheim, Stadt	IV	Murrhardt, Stadt	II
Holzgerlingen, Stadt	VI	Nagold, Stadt	IV
Horb am Neckar, Stadt	III	Neckargemünd, Stadt	V
Isny im Allgäu, Stadt	III	Neckarsulm, Stadt	IV
Karlsbad	III	Neuenburg am Rhein	IV
Karlsdorf-Neuthard	III	Neuhausen auf den Fildern	IV
Karlsruhe, Stadt	IV	Niefern-Öschelbronn	IV
Kehl, Stadt	III	Nürtingen, Stadt	IV
Kernen im Remstal	IV	Nußloch	V
Ketsch	III	Oberderdingen	II
Kirchheim unter Teck, Stadt	V	Oberkirch, Stadt	II
Konstanz, Universitätsstadt	VI	Oberndorf am Neckar, Stadt	II
Korb	IV	Obersulm	III
Korntal-Münchingen, Stadt	VI	Öhringen, Stadt	IV
Kornwestheim, Stadt	V	Östringen, Stadt	II
Kraichtal, Stadt	II	Offenburg, Stadt	III
Künzelsau, Stadt	II	Oftersheim	IV
Ladenburg, Stadt	IV	Ostfildern, Stadt	V
Lahr/Schwarzwald, Stadt	III	Pfinztal	III
Laichingen, Stadt	II	Pforzheim, Stadt	IV
Langenau, Stadt	III	Pfullendorf, Stadt	II
Lauda-Königshofen, Stadt	I	Pfullingen, Stadt	IV
Lauffen am Neckar, Stadt	III	Philippsburg, Stadt	III
Laupheim, Stadt	III	Plankstadt	III
Leimen, Stadt	V	Plochingen, Stadt	V
Leinfelden-Echterdingen, Stadt	VI	Radolfzell am Bodensee, Stadt	IV

Gemeinde	Mietenstufe	Gemeinde	Mietenstufe
Rastatt, Stadt	III	Tettnang, Stadt	IV
Ravensburg, Stadt	V	Titisee-Neustadt, Stadt	II
Remchingen	III	Trossingen, Stadt	III
Remseck am Neckar	V	Tübingen, Universitätsstadt	VI
Remshalden	IV	Tuttlingen, Stadt	III
Renningen, Stadt	V	Ubstadt-Weiher	II
Reutlingen, Stadt	IV	Überlingen, Stadt	IV
Rheinau, Stadt	I	Uhingen, Stadt	III
Rheinfelden (Baden), Stadt	IV	Ulm, Universitätsstadt	IV
Rheinstetten	IV	Vaihingen an der Enz, Stadt	III
Riedlingen, Stadt	I	Villingen-Schwenningen, Stadt	III
Rielasingen-Worblingen	IV	Waghäusel, Stadt	III
Rottenburg am Neckar, Stadt	IV	Waiblingen, Stadt	V
Rottweil, Stadt	III	Waldbronn	IV
Rudersberg	II	Waldkirch, Stadt	III
Rutesheim, Stadt	V	Waldshut-Tiengen, Stadt	III
Sachsenheim, Stadt	IV	Walldorf, Stadt	V
Salem	III	Walldürn, Stadt	I
Sandhausen	V	Wangen im Allgäu, Stadt	III
Sankt Georgen i. Schwarzwald, Stadt	II	Wehr, Stadt	III
		Weil am Rhein, Stadt	IV
Sankt Leon-Rot	III	Weil der Stadt	IV
(Bad) Saulgau, Stadt	II	Weingarten (Baden)	III
Schopfheim, Stadt	III	Weingarten, Stadt	V
Schorndorf, Stadt	IV	Weinheim, Stadt	IV
Schramberg, Stadt	II	Weinsberg, Stadt	III
Schriesheim, Stadt	IV	Weinstadt, Stadt	IV
Schwäbisch Gmünd, Stadt	III	Welzheim, Stadt	III
Schwäbisch Hall, Stadt	II	Wendlingen am Neckar, Stadt	IV
Schwaigern, Stadt	II	Wernau (Neckar), Stadt	IV
Schwetzingen, Stadt	V	Wertheim, Stadt	II
Schwieberdingen	IV	Wiesloch, Stadt	IV
Sigmaringen, Stadt	II	Winnenden, Stadt	V
Sindelfingen, Stadt	V		
Singen (Hohentwiel), Stadt	IV		
Sinsheim, Stadt	III		

Kreis	Mietenstufe
Alb-Donau-Kreis	II
Biberach	I
Bodenseekreis	IV
Böblingen	IV
Breisgau-Hochschwarzwald	III
Calw	III
Emmendingen	III
Enzkreis	III
Esslingen	IV
Freudenstadt	II
Göppingen	II

Gemeinde	Mietenstufe
Sinzheim	II
Spaichingen, Stadt	III
Steinheim an der Murr, Stadt	IV
Stockach, Stadt	III
Straubenhardt	II
Stutensee, Stadt	III
Stuttgart, Landeshauptstadt	VI
Sulz am Neckar, Stadt	II
Tamm	V
Tauberbischofsheim, Stadt	II
Teningen	III

Kreis	Mietenstufe
Heidenheim	II
Heilbronn	II
Hohenlohekreis	I
Karlsruhe	III
Konstanz	III
Lörrach	III
Ludwigsburg	IV
Main-Tauber-Kreis	I
Neckar-Odenwald-Kreis	I
Ortenaukreis	II
Ostalbkreis	II
Rastatt	II
Ravensburg	II
Rems-Murr-Kreis	III
Reutlingen	II
Rhein-Neckar-Kreis	III
Rottweil	I
Schwäbisch-Hall	I
Schwarzwald-Baar-Kreis	II
Sigmaringen	I
Tübingen	IV
Tuttlingen	II
Waldshut	II
Zollernablkreis	I

Land: Bayern

Gemeinde	Mietenstufe
Abensberg, Stadt	II
Aichach, Stadt	III
Altdorf, Markt	II
Altdorf bei Nürnberg, Stadt	III
Altötting, Stadt	II
Alzenau i. Unterfranken, Stadt	III
Amberg, Stadt	II
Ansbach, Stadt	II
Aschaffenburg, Stadt	IV
Augsburg, Stadt	IV
Bad Abbach, Markt	III
Bad Aibling, Stadt	IV
Bad Kissingen, Stadt	II
Bad Neustadt a. d. Saale, Stadt	I
Bad Reichenhall, Stadt	IV
Bad Staffelstein, Stadt	I
Bad Tölz, Stadt	V
Bad Windsheim, Stadt	II
Bad Wörishofen, Stadt	II

Gemeinde	Mietenstufe
Bamberg, Stadt	III
Bayreuth, Stadt	III
Bobingen, Stadt	III
Bruckmühl, Markt	IV
Buchloe, Stadt	II
Burghausen, Stadt	III
Burgkirchen a. d. Alz	I
Burglengenfeld, Stadt	I
Burgthann	II
Cadolzburg,Markt	II
Cham, Stadt	I
Coburg, Stadt	II
Dachau, Stadt	VI
Deggendorf, Stadt	II
Dießen a. Ammersee, Markt	IV
Dillingen a. d. Donau, Stadt	II
Dingolfing, Stadt	II
Dinkelsbühl, Stadt	I
Donauwörth, Stadt	I
Dorfen, Stadt	IV
Ebersberg, Stadt	VI
Eching	VI
Eckental, Markt	III
Eggenfelden, Stadt	I
Eichenau	VI
Eichstätt, Stadt	I
Erding, Stadt	VI
Ergolding, Markt	II
Erlangen, Stadt	IV
Essenbach, Markt	I
Feldkirchen-Westerham	V
Feucht, Markt	IV
Feuchtwangen, Stadt	II
Forchheim, Stadt	III
Freilassing, Stadt	IV
Freising, Stadt	VI
Friedberg, Stadt	III
Fürstenfeldbruck, Stadt	VI
Fürth, Stadt	III
Füssen, Stadt	III
Gaimersheim, Markt	III
Garching bei München, Stadt	VI
Garmisch-Partenkirchen, Markt	V
Gauting	VI
Geisenfeld, Stadt	II
Gemünden a. Main, Stadt	I
Geretsried, Stadt	IV

Gemeinde	Mietenstufe	Gemeinde	Mietenstufe
Germering, Stadt	VI	Langenzenn, Stadt	II
Gersthofen, Stadt	III	Lappersdorf, Markt	III
Gilching	VI	Lauf a. d. Pegnitz, Stadt	IV
Gräfelfing	VI	Lauingen (Donau), Stadt	I
Grafing bei München, Stadt	V	Lichtenfels, Stadt	I
Gröbenzell	VI	Lindau (Bodensee), Stadt	IV
Großostheim, Markt	III	Lindenberg i. Allgäu, Stadt	III
Grünwald	VI	Lohr a. Main, Stadt	II
Günzburg, Stadt	II	Mainburg, Stadt	II
Gunzenhausen, Stadt	I	Maisach	VI
Haar	VI	Manching, Markt	III
Hallbergmoos	VI	Markt Schwaben, Markt	VI
Hammelburg, Stadt	I	Marktheidenfeld, Stadt	II
Haßfurt, Stadt	II	Marktoberdorf, Stadt	II
Hauzenberg, Stadt	I	Marktredwitz, Stadt	I
Herrsching a. Ammersee	V	Maxhütte-Haidhof, Stadt	II
Hersbruck, Stadt	III	Meitingen, Markt	II
Herzogenaurach, Stadt	III	Memmingen, Stadt	II
Hilpoltstein, Stadt	I	Mering, Markt	IV
Hirschaid, Markt	II	Miesbach, Stadt	V
Höchstadt a. d. Aisch, Stadt	I	Mindelheim, Stadt	II
Höhenkirchen-Siegertsbrunn	VI	Mömbris, Markt	I
Hösbach, Markt	II	Moosburg an der Isar, Stadt	V
Hof, Stadt	I	Mühldorf am Inn, Stadt	II
Holzkirchen, Markt	V	Münchberg, Stadt	I
Illertissen, Stadt	II	München, Stadt	VI
Immenstadt i. Allgäu, Stadt	III	Murnau am Staffelsee, Markt	VI
Ingolstadt, Stadt	III	Neubiberg	VI
Ismaning	VI	Neuburg an der Donau, Stadt	III
Karlsfeld	VI	Neufahrn bei Freising	VI
Karlstadt, Stadt	I	Neumarkt i. d. Oberpfalz, Stadt	III
Kaufbeuren, Stadt	II	Neusäß, Stadt	IV
Kaufering, Markt	IV	Neustadt an der Aisch, Stadt	II
Kelheim, Stadt	II	Neustadt an der Donau, Stadt	III
Kempten (Allgäu), Stadt	III	Neustadt bei Coburg, Stadt	I
Kirchheim bei München	VI	Neutraubling, Stadt	III
Kirchseeon, Markt	V	Neu-Ulm, Stadt	IV
Kissing	IV	Nördlingen, Stadt	II
Kitzingen, Stadt	II	Nürnberg, Stadt	IV
Königsbrunn, Stadt	IV	Oberasbach, Stadt	III
Kolbermoor, Stadt	V	Oberhaching	VI
Kronach, Stadt	I	Oberschleißheim	VI
Krumbach (Schwaben), Stadt	II	Ochsenfurt, Stadt	I
Kulmbach, Stadt	I	Olching, Stadt	VI
Landau an der Isar, Stadt	I	Osterhofen, Stadt	I
Landsberg a. Lech, Stadt	IV	Ottobrunn	VI
Landshut, Stadt	III	Passau, Stadt	II

Gemeinde	Mietenstufe
Pegnitz, Stadt	II
Peißenberg, Markt	IV
Peiting, Markt	II
Penzberg, Stadt	V
Pfaffenhofen a. d. Ilm, Stadt	IV
Pfarrkirchen, Stadt	I
Planegg	VI
Plattling, Stadt	II
Pocking, Stadt	II
Poing	VI
Prien am Chiemsee, Markt	V
Puchheim, Stadt	VI
Raubling	IV
Regen, Stadt	I
Regensburg, Stadt	V
Regenstauf, Markt	II
Roding, Stadt	I
Rödental, Stadt	I
Röthenbach a. d. Pegnitz, Stadt	III
Rosenheim, Stadt	V
Roth, Stadt	II
Rothenburg ob der Tauber, Stadt	II
Schongau, Stadt	III
Schrobenhausen, Stadt	I
Schwabach, Stadt	III
Schwabmünchen, Stadt	II
Schwandorf, Stadt	I
Schweinfurt, Stadt	II
Selb, Stadt	I
Senden, Stadt	IV
Sonthofen, Stadt	III
Stadtbergen, Stadt	IV
Starnberg, Stadt	VI
Stein, Stadt	IV
Stephanskirchen	IV
Straubing, Stadt	II
Sulzbach-Rosenberg, Stadt	I
Taufkirchen	III
Traunreut, Stadt	III
Traunstein, Stadt	III
Treuchtlingen, Stadt	I
Trostberg, Stadt	II
Unterföhrung	VI
Unterhaching	VI
Unterschleißheim, Stadt	VI
Vaterstetten	VI
Vilsbiburg, Stadt	I

Gemeinde	Mietenstufe
Vilshofen a. d. Donau, Stadt	I
Vöhringen, Stadt	III
Waldkirchen, Stadt	I
Waldkraiburg, Stadt	II
Wasserburg am Inn, Stadt	IV
Weiden i. d. Oberpfalz, Stadt	I
Weilheim i. Oberbayern, Stadt	IV
Weißenburg i. Bayern, Stadt	I
Weißenhorn, Stadt	III
Wendelstein, Markt	IV
Werneck, Markt	I
Wolfratshausen, Stadt	V
Wolnzach, Markt	II
Würzburg, Stadt	IV
Zirndorf, Stadt	II

Kreis	Mietenstufe
Aichach-Friedberg	I
Altötting	I
Amberg-Sulzbach	I
Ansbach	I
Aschaffenburg	II
Augsburg	II
Bad Kissingen	I
Bad Tölz-Wolfratshausen	IV
Bamberg	I
Bayreuth	I
Berchtesgadener Land	III
Cham	I
Coburg	I
Dachau	V
Deggendorf	I
Dillingen a. d. Donau	I
Dingolfing-Landau	I
Donau-Ries	I
Ebersberg	VI
Eichstätt	I
Erding	IV
Erlangen-Höchstadt	III
Forchheim	I
Freising	IV
Freyung-Grafenau	I
Fürth	III
Fürstenfeldbruck	V
Garmisch-Partenkirchen	V
Günzburg	I

Kreis	Mietenstufe
Haßberge	I
Hof	I
Kelheim	I
Kitzingen	I
Kronach	I
Kulmbach	I
Landsberg a. Lech	III
Landshut	I
Lichtenfels	I
Lindau (Bodensee)	I
Main-Spessart	I
Miesbach	IV
Miltenberg	II
Mühldorf a. Inn	II
München	VI
Neuburg-Schrobenhausen	I
Neumarkt i. d. Oberpfalz	I
Neustadt a. d. Aisch-Bad Windsheim	I
Neustadt a. d. Waldnaab	I
Neu-Ulm	II
Nürnberger Land	II
Oberallgäu	II
Ostallgäu	II
Passau	I
Pfaffenhofen a. d. Ilm	III
Regen	I
Regensburg	II
Rhön-Grabfeld	I
Rosenheim	IV
Roth	II
Rottal-Inn	I
Schwandorf	I
Schweinfurt	I
Starnberg	VI
Straubing-Bogen	I
Tirschenreuth	I
Traunstein	II
Unterallgäu	I
Weilheim-Schongau	III
Weißenburg-Gunzenhausen	I
Würzburg	II
Wunsiedel im Fichtelgebirge	I

Land: Berlin

Gemeinde	Mietenstufe
Berlin, Stadt	IV

Land: Brandenburg

Gemeinde	Mietenstufe
Ahrensfelde	IV
Angermünde, Stadt	II
Bad Belzig	III
Bad Freienwalde (Oder), Stadt	II
Beelitz, Stadt	II
Bernau bei Berlin, Stadt	III
Blankenfelde-Mahlow	IV
Brandenburg a. d. Havel, Stadt	II
Brieselang	III
Cottbus, Stadt	II
Eberswalde, Stadt	III
Eisenhüttenstadt, Stadt	III
Erkner, Stadt	III
Falkensee, Stadt	V
Finsterwalde, Stadt	II
Forst (Lausitz), Stadt	II
Frankfurt (Oder), Stadt	III
Fredersdorf-Vogelsdorf	IV
Fürstenwalde/Spree, Stadt	II
Glienicke/Nordbahn	V
Guben, Stadt	II
Hennigsdorf, Stadt	III
Hohen Neuendorf	IV
Hoppegarten	V
Jüterbog, Stadt	I
Kleinmachnow	V
Kloster Lehnin	II
Königs Wusterhausen, Stadt	III
Lauchhammer, Stadt	II
Lübben/Spreewald, Stadt	III
Lübbenau/Spreewald, Stadt	II
Luckenwalde, Stadt	II
Ludwigsfelde, Stadt	III
Michendorf	V
Mühlenbecker Land	III
Nauen, Stadt	II
Neuenhagen bei Berlin	IV
Neuruppin, Fontanestadt	II
Oberkrämer	II
Oranienburg, Stadt	III
Panketal	IV

Gemeinde	Mietenstufe
Perleberg, Stadt	I
Petershagen/Eggersdorf	III
Potsdam, Stadt	IV
Prenzlau, Stadt	III
Pritzwalk, Stadt	I
Rangsdorf	IV
Rathenow, Stadt	II
Rüdersdorf bei Berlin	II
Schönefeld	IV
Schöneiche bei Berlin	IV
Schwedt/Oder, Stadt	II
Schwielowsee	IV
Senftenberg, Stadt	III
Spremberg, Stadt	II
Stahnsdorf	IV
Strausberg, Stadt	III
Teltow, Stadt	IV
Templin, Stadt	II
Velten, Stadt	III
Wandlitz	II
Werder (Havel), Stadt	IV
Wittenberge, Stadt	II
Wittstock/Dosse, Stadt	I
Zehdenick, Stadt	I
Zeuthen	II
Zossen	II

Kreis	Mietenstufe
Barnim	II
Dahme-Spreewald	II
Elbe-Elster	I
Havelland	II
Märkisch-Oderland	I
Oberhavel	II
Oberspreewald-Lausitz	II
Oder-Spree	II
Ostprignitz-Ruppin	II
Potsdam-Mittelmark	II
Prignitz	I
Spree-Neiße	I
Teltow-Fläming	II
Uckermark	I

Land: Bremen

Gemeinde	Mietenstufe
Bremen, Stadt	IV
Bremerhaven	III

Land: Hamburg

Gemeinde	Mietenstufe
Hamburg, Freie und Hansestadt	VI

Land: Hessen

Gemeinde	Mietenstufe
Alsfeld, Stadt	II
Altenstadt	III
Aßlar, Stadt	III
Babenhausen, Stadt	III
Bad Arolsen, Stadt	I
Bad Camberg, Stadt	III
Bad Hersfeld, Kreisstadt	II
Bad Homburg v. d. Höhe, Stadt	VI
Bad Nauheim, Stadt	IV
Bad Schwalbach, Kreisstadt	IV
Bad Soden am Taunus, Stadt	V
Bad Soden-Salmünster, Stadt	II
Bad Vilbel, Stadt	V
Bad Wildungen, Stadt	II
Baunatal, Stadt	II
Bebra, Stadt	I
Bensheim, Stadt	IV
Biedenkopf, Stadt	I
Birkenau	II
Bischofsheim	IV
Borken (Hessen), Stadt	I
Braunfels, Stadt	II
Bruchköbel, Stadt	IV
Büdingen, Stadt	II
Bürstadt, Stadt	III
Büttelborn	V
Buseck	II
Butzbach, Friedrich-Ludwig-Weidig-Stadt	II
Darmstadt, Wissenschaftsstadt	VI
Dautphetal	I
Dieburg, Stadt	IV
Dietzenbach, Kreisstadt	V
Dillenburg, Stadt	II
Dreieich, Stadt	V
Egelsbach	V

5

Gemeinde	Mietenstufe	Gemeinde	Mietenstufe
Eichenzell	I	Hüttenberg	II
Eltville am Rhein, Stadt	V	Hungen, Stadt	II
Eppstein, Stadt	VI	Idstein, Stadt	III
Erbach, Kreisstadt	III	Karben, Stadt	V
Erlensee	IV	Kassel, documenta-Stadt	III
Eschborn, Stadt	V	Kaufungen	II
Eschenburg	I	Kelkheim (Taunus), Stadt	VI
Eschwege, Kreisstadt	I	Kelsterbach, Stadt	IV
Felsberg, Stadt	I	Kirchhain, Stadt	II
Flörsheim am Main, Stadt	IV	Königstein im Taunus, Stadt	VI
Frankenberg (Eder), Stadt	I	Korbach, Kreisstadt	II
Frankfurt am Main, Stadt	VI	Kriftel	VI
Freigericht	III	Kronberg im Taunus, Stadt	V
Friedberg (Hessen), Kreisstadt	IV	Künzell	I
Friedrichsdorf, Stadt	VI	Lampertheim, Stadt	III
Fritzlar, Dom- und Kaiserstadt	I	Langen (Hessen), Stadt	V
Fürth	III	Langenselbold, Stadt	III
Fulda, Stadt	II	Langgöns	III
Fuldatal	II	Lauterbach (Hessen), Kreisstadt	II
Geisenheim, Stadt	III	Lich, Stadt	II
Gelnhausen, Barbarossastadt	III	Limburg an der Lahn, Kreisstadt	II
Gießen, Universitätsstadt	IV	Linden, Stadt	III
Ginsheim-Gustavsburg, Stadt	IV	Lohfelden	II
Gladenbach, Stadt	II	Lorsch, Karolingerstadt	III
Griesheim, Stadt	V	Maintal, Stadt	V
Groß-Gerau, Stadt	V	Marburg, Universitätsstadt	V
Groß-Umstadt, Stadt	III	Melsungen, Stadt	I
Groß-Zimmern	V	Michelstadt, Stadt	IV
Grünberg, Stadt	II	Mörfelden-Walldorf, Stadt	V
Gründau	III	Mühlheim am Main, Stadt	V
Hadamar, Stadt	II	Mühltal	V
Haiger, Stadt	II	Münster	IV
Hainburg	IV	Nauheim	IV
Hanau, Brüder-Grimm-Stadt	IV	Neu-Anspach, Stadt	IV
Hattersheim am Main, Stadt	VI	Neuhof	I
Heppenheim (Bergstraße), Kreisstadt	V	Neu-Isenburg, Stadt	VI
Herborn, Stadt	III	Nidda, Stadt	I
Hessisch Lichtenau, Stadt	I	Nidderau, Stadt	III
Heusenstamm, Stadt	VI	Niedernhausen	V
Hochheim am Main, Stadt	V	Niestetal	III
Höchst i. Odenwald	III	Ober-Ramstadt, Stadt	V
Hofgeismar, Stadt	II	Obertshausen, Stadt	V
Hofheim am Taunus, Kreisstadt	V	Oberursel (Taunus), Stadt	VI
Homberg (Efze), Kreisstadt	I	Oestrich-Winkel, Stadt	V
Hünfeld, Konrad-Zuse-Stadt	I	Offenbach am Main, Stadt	VI
Hünstetten	II	Petersberg	II
		Pfungstadt, Stadt	V

Gemeinde	Mietenstufe
Pohlheim, Stadt	II
Raunheim, Stadt	<u>V</u>
Reinheim, Stadt	IV
Reiskirchen	III
Riedstadt, Stadt	<u>IV</u>
Rodenbach	<u>IV</u>
Rodgau, Stadt	V
Rödermark, Stadt	<u>V</u>
Rosbach v. d. Höhe, Stadt	IV
Roßdorf	IV
Rotenburg a. d. Fulda, Stadt	I
Rüsselsheim, Stadt	<u>VI</u>
Schlüchtern, Stadt	II
Schöneck	<u>IV</u>
Schotten, Stadt	<u>I</u>
Schwalbach am Taunus, Stadt	V
Schwalmstadt, Stadt	I
Seeheim-Jugenheim	V
Seligenstadt, Stadt	IV
Solms, Stadt	II
Stadtallendorf, Stadt	II
Steinau an der Straße, Brüder-Grimm-Stadt	II
Steinbach (Taunus), Stadt	<u>V</u>
Taunusstein, Stadt	IV
Trebur	V
Usingen, Stadt	<u>IV</u>
Vellmar, Stadt	<u>II</u>
Viernheim, Stadt	<u>IV</u>
Wächtersbach, Stadt	III
Wald-Michelbach	II
Weilburg, Stadt	<u>II</u>
Weiterstadt, Stadt	V
Wettenberg	III
Wetzlar, Stadt	III
Wiesbaden, Landeshauptstadt	VI
Witzenhausen, Stadt	I
Wolfhagen, Stadt	I

Kreis	Mietenstufe
Bergstraße	<u>II</u>
Darmstadt-Dieburg	IV
Fulda	I
Gießen	<u>II</u>
Groß-Gerau	IV
Hersfeld-Rotenburg	I

Kreis	Mietenstufe
Hochtaunuskreis	IV
Kassel	I
Lahn-Dill-Kreis	<u>I</u>
Limburg-Weilburg	II
Main-Kinzig-Kreis	III
Main-Taunus-Kreis	<u>VI</u>
Marburg-Biedenkopf	<u>I</u>
Odenwaldkreis	II
Offenbach	<u>III</u>
Rheingau-Taunus-Kreis	III
Schwalm-Eder-Kreis	I
Vogelsbergkreis	I
Waldeck-Frankenberg	I
Werra-Meißner-Kreis	I
Wetteraukreis	<u>II</u>

Land: Mecklenburg-Vorpommern

Gemeinde	Mietenstufe
Anklam, Stadt	<u>II</u>
Bad Doberan, Stadt	IV
Bergen auf Rügen, Stadt	III
Boizenburg/Elbe, Stadt	<u>III</u>
Demmin, Hansestadt	II
Greifswald, Hansestadt	<u>IV</u>
Grevesmühlen, Stadt	III
Güstrow, Stadt	<u>II</u>
Hagenow, Stadt	II
Ludwigslust, Stadt	II
Neubrandenburg, Stadt	III
Neustrelitz, Stadt	II
Parchim, Stadt	<u>II</u>
Pasewalk, Stadt	<u>I</u>
Ribnitz-Damgarten, Stadt	II
Rostock, Hansestadt	<u>IV</u>
Schwerin, Landeshauptstadt	III
Stralsund, Hansestadt	III
Waren (Müritz), Stadt	<u>III</u>
Wismar, Hansestadt	III
Wolgast, Stadt	III

Kreis	Mietenstufe
Rostock	<u>II</u>
Ludwigslust-Parchim	<u>II</u>
Mecklenburgische Seenplatte	<u>II</u>
Nordwestmecklenburg	<u>II</u>

Kreis	Mietenstufe
Vorpommern-Greifswald	II
Vorpommern-Rügen	III

Land: Niedersachsen

Gemeinde	Mietenstufe
Achim, Stadt	III
Adendorf	III
Aerzen, Flecken	I
Alfeld (Leine), Stadt	II
Apen	I
Aurich, Stadt	II
Bad Bentheim, Stadt	II
Bad Essen	I
Bad Fallingbostel, Stadt	II
Bad Harzburg, Stadt	II
Bad Iburg, Stadt	II
Bad Lauterberg im Harz, Stadt	I
Bad Münder am Deister, Stadt	II
Bad Nenndorf, Stadt	III
Bad Pyrmont, Stadt	I
Bad Salzdetfurth, Stadt	II
Bad Zwischenahn	II
Barsinghausen, Stadt	II
Barßel	I
Bassum, Stadt	II
Belm	II
Bergen, Stadt	I
Beverstedt	I
Bissendorf	I
Bohmte	I
Bovenden, Flecken	II
Brake (Unterweser), Stadt	II
Bramsche, Stadt	I
Braunschweig, Stadt	IV
Bremervörde, Stadt	II
Buchholz i. d. Nordheide, Stadt	VI
Bückeburg, Stadt	II
Burgdorf, Stadt	III
Burgwedel, Stadt	IV
Buxtehude, Hansestadt	V
Celle, Stadt	III
Clausthal-Zellerfeld, Berg- und Universitätsstadt	I
Cloppenburg, Stadt	II
Cremlingen	II
Cuxhaven, Stadt	III

Gemeinde	Mietenstufe
Damme, Stadt	I
Delmenhorst, Stadt	III
Diepholz, Stadt	I
Dinklage, Stadt	I
Drochtersen	II
Duderstadt, Stadt	I
Edemissen	II
Edewecht	II
Einbeck, Stadt	I
Emden, Stadt	II
Emstek	I
Friedeburg	I
Friesoythe, Stadt	I
Ganderkesee	III
Garbsen, Stadt	III
Garrel	I
Geeste	I
Gehrden, Stadt	IV
Georgsmarienhütte, Stadt	II
Gifhorn, Stadt	III
Goslar, Stadt	II
Göttingen, Stadt	IV
Großefehn	I
Großenkneten	II
Hagen im Bremischen	I
Hagen am Teutoburger Wald	II
Hambühren	II
Hameln, Stadt	II
Hannoversch Münden, Stadt	I
Hannover, Stadt	IV
Haren (Ems), Stadt	I
Harsefeld, Flecken	III
Harsum	II
Hasbergen	II
Haselünne, Stadt	I
Hatten	I
Helmstedt, Stadt	II
Hemmingen, Stadt	IV
Herzberg am Harz, Stadt	I
Hessisch Oldendorf, Stadt	I
Hildesheim, Stadt	III
Hilter am Teutoburger Wald	I
Holzminden, Stadt	I
Hude (Oldenburg)	II
Ihlow	I
Ilsede	III
Isernhagen	IV

Gemeinde	Mietenstufe	Gemeinde	Mietenstufe
Jever, Stadt	II	Ritterhude	II
Jork	IV	Ronnenberg, Stadt	IV
Kirchlinteln	I	Rosdorf	III
Königslutter am Elm	II	Rosengarten	IV
Krummhörn	I	Rotenburg (Wümme), Stadt	III
Laatzen, Stadt	IV	Salzgitter, Stadt	III
Langelsheim, Stadt	I	Sarstedt, Stadt	III
Langen, Stadt	II	Sassenburg	I
Langenhagen, Stadt	IV	Saterland	I
Langwedel, Flecken	II	Scheeßel	I
Leer (Ostfriesland), Stadt	II	Schiffdorf	II
Lehre	II	Schneverdingen, Stadt	II
Lehrte, Stadt	III	Schöningen, Stadt	I
Lengede	II	Schortens, Stadt	I
Lilienthal	III	Schüttorf, Stadt	I
Lingen (Ems), Stadt	I	Schwanewede	II
Lohne (Oldenburg), Stadt	II	Seelze, Stadt	III
Löningen, Stadt	I	Seesen, Stadt	I
Loxstedt	II	Seevetal	V
Lüneburg, Hansestadt	V	Sehnde, Stadt	IV
Melle, Stadt	I	Soltau, Stadt	III
Meppen, Stadt	I	Springe, Stadt	II
Moormerland	I	Stade, Hansestadt	IV
Munster, Stadt	II	Stadthagen, Stadt	II
Neu Wulmstorf	V	Stelle	V
Neustadt am Rübenberge, Stadt	II	Stuhr	III
Nienburg (Weser), Stadt	II	Südbrookmerland	I
Norden, Stadt	II	Sulingen, Stadt	II
Nordenham, Stadt	II	Syke, Stadt	II
Nordhorn, Stadt	II	Tostedt	IV
Nordstemmen	II	Twistringen, Stadt	I
Northeim, Stadt	II	Uelzen, Stadt	II
Oldenburg (Oldenburg), Stadt	IV	Uetze	II
Osnabrück, Stadt	III	Uplengen	I
Osterholz-Scharmbeck, Stadt	II	Uslar, Stadt	I
Osterode am Harz, Stadt	I	Varel, Stadt	I
Ostrhauderfehn	I	Vechelde	III
Ottersberg, Flecken	II	Vechta, Stadt	II
Oyten	III	Verden (Aller), Stadt	II
Papenburg, Stadt	I	Wallenhorst	II
Pattensen, Stadt	III	Walsrode, Stadt	II
Peine, Stadt	III	Wardenburg	II
Quakenbrück, Stadt	I	Wedemark	III
Rastede	II	Weener, Stadt	I
Rehburg-Loccum, Stadt	I	Wendeburg	I
Rhauderfehn	I	Wennigsen (Deister)	III
Rinteln, Stadt	I	Westerstede, Stadt	II

Gemeinde	Mietenstufe
Westoverledingen	I
Weyhe	<u>III</u>
Wiefelstede	II
Wiesmoor, Stadt	I
Wietmarschen	I
Wildeshausen, Stadt	<u>II</u>
Wilhelmshaven, Stadt	II
Winsen (Aller)	I
Winsen (Luhe), Stadt	V
Wittingen, Stadt	<u>I</u>
Wittmund, Stadt	I
Wolfenbüttel, Stadt	III
Wolfsburg, Stadt	IV
Wunstorf, Stadt	III
Zetel	I
Zeven, Stadt	II

Kreis	Mietenstufe
Aurich	I
Celle	<u>I</u>
Cloppenburg	I
Cuxhaven	<u>I</u>
Diepholz	I
Emsland	I
Friesland	<u>I</u>
Gifhorn	<u>I</u>
Goslar	I
Göttingen	I
Grafschaft Bentheim	I
Hameln-Pyrmont	I
Harburg	IV
Heidekreis	I
Helmstedt	I
Hildesheim	<u>I</u>
Holzminden	I
Leer	I
Lüchow-Dannenberg	I
Lüneburg	III
Nienburg (Weser)	I
Northeim	I
Oldenburg	I
Osnabrück	I
Osterholz	I
Osterode am Harz	I
Peine	II
Rotenburg (Wümme)	I

Kreis	Mietenstufe
Schaumburg	I
Stade	<u>II</u>
Uelzen	I
Vechta	I
Verden	<u>I</u>
Wesermarsch	I
Wittmund	I
Wolfenbüttel	<u>I</u>

Land: Nordrhein-Westfalen

Gemeinde	Mietenstufe
Aachen, Stadt	IV
Ahaus, Stadt	II
Ahlen, Stadt	II
Aldenhoven	III
Alfter	IV
Alpen	II
Alsdorf, Stadt	III
Altena, Stadt	<u>I</u>
Altenberge	<u>III</u>
Anröchte	<u>I</u>
Arnsberg, Stadt	II
Ascheberg	II
Attendorn, Stadt	II
Bad Berleburg, Stadt	II
Bad Driburg, Stadt	I
Bad Honnef, Stadt	IV
Bad Laasphe, Stadt	II
Bad Lippspringe, Stadt	II
Bad Münstereifel, Stadt	<u>II</u>
Bad Oeynhausen, Stadt	<u>II</u>
Bad Salzuflen, Stadt	II
Bad Sassendorf	II
Bad Wünnenberg, Stadt	I
Baesweiler, Stadt	II
Balve, Stadt	II
Beckum, Stadt	II
Bedburg, Stadt	III
Bedburg-Hau, Stadt	II
Bergheim, Stadt	III
Bergisch-Gladbach, Stadt	V
Bergkamen, Stadt	III
Bergneustadt, Stadt	II
Bestwig	<u>I</u>
Beverungen, Stadt	<u>I</u>
Bielefeld, Stadt	III

Gemeinde	Mietenstufe	Gemeinde	Mietenstufe
Billerbeck, Stadt	II	Espelkamp, Stadt	II
Blomberg, Stadt	I	Essen, Stadt	IV
Bocholt, Stadt	<u>III</u>	Euskirchen, Stadt	III
Bochum, Stadt	III	Extertal	I
Bönen	<u>III</u>	Finnentrop	I
Bonn, Stadt	V	Frechen, Stadt	IV
Borchen	<u>II</u>	Freudenberg, Stadt	II
Borken, Stadt	II	Fröndenberg, Stadt	<u>II</u>
Bornheim, Stadt	IV	Gangelt	I
Bottrop, Stadt	III	Geilenkirchen, Stadt	II
Brakel, Stadt	I	Geldern, Stadt	III
Brilon, Stadt	I	Gelsenkirchen, Stadt	II
Brüggen	<u>II</u>	Gescher, Stadt	II
Brühl, Stadt	V	Geseke, Stadt	II
Bünde, Stadt	II	Gevelsberg, Stadt	III
Büren, Stadt	I	Gladbeck, Stadt	<u>II</u>
Burbach	II	Goch, Stadt	<u>III</u>
Burscheid, Stadt	IV	Grefrath	III
Castrop-Rauxel, Stadt	III	Greven, Stadt	III
Coesfeld, Stadt	II	Grevenbroich, Stadt	IV
Datteln, Stadt	II	Gronau (Westfalen), Stadt	II
Delbrück, Stadt	<u>I</u>	Gütersloh, Stadt	III
Detmold, Stadt	<u>III</u>	Gummersbach, Stadt	<u>II</u>
Dinslaken, Stadt	III	Haan, Stadt	IV
Dormagen, Stadt	IV	Hagen, Stadt	III
Dorsten, Stadt	III	Halle (Westfalen), Stadt	II
Dortmund, Stadt	III	Haltern am See, Stadt	III
Drensteinfurt, Stadt	II	Halver, Stadt	III
Drolshagen, Stadt	I	Hamm, Stadt	II
Dülmen, Stadt	II	Hamminkeln, Stadt	II
Düren, Stadt	III	Harsewinkel, Stadt	II
Düsseldorf, Stadt	<u>VI</u>	Hattingen, Stadt	III
Duisburg, Stadt	III	Havixbeck	III
Eitorf	<u>II</u>	Heiligenhaus, Stadt	IV
Elsdorf	IV	Heinsberg, Stadt	II
Emmerich am Rhein, Stadt	<u>III</u>	Hemer, Stadt	<u>II</u>
Emsdetten, Stadt	II	Hennef (Sieg), Stadt	IV
Engelskirchen	III	Herdecke, Stadt	III
Enger, Stadt	II	Herford, Stadt	<u>II</u>
Ennepetal, Stadt	III	Herne, Stadt	II
Ennigerloh, Stadt	II	Herten, Stadt	III
Ense	II	Herzebrock-Clarholz	II
Erftstadt, Stadt	IV	Herzogenrath, Stadt	III
Erkelenz, Stadt	III	Hiddenhausen	II
Erkrath, Stadt	IV	Hilchenbach, Stadt	II
Erwitte, Stadt	II	Hilden, Stadt	<u>V</u>
Eschweiler, Stadt	III	Hille	I

Gemeinde	Mietenstufe	Gemeinde	Mietenstufe
Hörstel, Stadt	I	Lichtenau, Stadt	I
Hövelhof	I	Lindlar	III
Höxter, Stadt	I	Linnich, Stadt	I
Holzwickede	III	Lippetal	II
Horn-Bad Meinberg, Stadt	I	Lippstadt, Stadt	II
Hückelhoven, Stadt	II	Löhne, Stadt	II
Hückeswagen, Stadt	III	Lohmar, Stadt	IV
Hüllhorst	I	Lotte	II
Hünxe	III	Lübbecke, Stadt	II
Hürth, Stadt	V	Lüdenscheid, Stadt	III
Ibbenbüren, Stadt	II	Lüdinghausen, Stadt	II
Iserlohn, Stadt	III	Lünen, Stadt	III
Isselburg, Stadt	II	Marienheide	III
Issum	III	Marl, Stadt	III
Jüchen	III	Marsberg, Stadt	I
Jülich, Stadt	III	Mechernich, Stadt	III
Kaarst, Stadt	V	Meckenheim, Stadt	IV
Kalkar, Stadt	II	Meerbusch, Stadt	V
Kall	II	Meinerzhagen, Stadt	II
Kalletal	I	Menden (Sauerland), Stadt	III
Kamen, Stadt	III	Meschede, Stadt	II
Kamp-Lintfort, Stadt	III	Mettingen	I
Kempen, Stadt	III	Mettmann, Stadt	IV
Kerken	III	Minden, Stadt	II
Kerpen, Stadt	IV	Möhnesee	I
Kevelaer, Stadt	II	Mönchengladbach, Stadt	III
Kierspe, Stadt	III	Moers, Stadt	III
Kirchhundem	I	Monheim am Rhein, Stadt	V
Kirchlengern	II	Monschau, Stadt	II
Kleve, Stadt	III	Morsbach	II
Köln, Stadt	VI	Much	III
Königswinter, Stadt	IV	Mülheim an der Ruhr, Stadt	III
Korschenbroich, Stadt	III	Münster, Stadt	IV
Kranenburg	II	Netphen	II
Krefeld, Stadt	IV	Nettetal, Stadt	III
Kreuzau	II	Neuenkirchen	II
Kreuztal, Stadt	II	Neuenrade, Stadt	III
Kürten	IV	Neukirchen-Vluyn, Stadt	III
Lage, Stadt	II	Neunkirchen	II
Langenfeld (Rheinland), Stadt	IV	Neunkirchen-Seelscheid	III
Langerwehe	II	Neuss, Stadt	V
Leichlingen (Rheinland), Stadt	IV	Niederkassel, Stadt	IV
Lemgo, Stadt	II	Niederkrüchten	III
Lengerich, Stadt	II	Niederzier	II
Lennestadt, Stadt	II	Nörvenich	II
Leopoldshöhe	II	Nottuln	III
Leverkusen, Stadt	IV	Nümbrecht	II

Gemeinde	Mietenstufe	Gemeinde	Mietenstufe
Oberhausen, Stadt	III	Schwelm, Stadt	III
Ochtrup, Stadt	I	Schwerte, Stadt	III
Odenthal	IV	Selm, Stadt	III
Oelde, Stadt	II	Senden	II
Oer-Erkenschwick, Stadt	III	Sendenhorst, Stadt	II
Oerlinghausen, Stadt	II	Siegburg, Stadt	IV
Olfen, Stadt	III	Siegen, Stadt	III
Olpe, Stadt	II	Simmerath	<u>III</u>
Olsberg, Stadt	<u>I</u>	Soest, Stadt	II
Ostbevern	II	Solingen, Stadt	IV
Overath	IV	Spenge, Stadt	<u>I</u>
Paderborn, Stadt	II	Sprockhövel, Stadt	III
Petershagen, Stadt	I	Stadtlohn, Stadt	II
Plettenberg, Stadt	II	Steinfurt, Stadt	II
Porta Westfalica, Stadt	I	Steinhagen	II
Preussisch Oldendorf, Stadt	<u>I</u>	Steinheim	I
Pulheim, Stadt	V	Stemwede	I
Radevormwald, Stadt	III	Stolberg (Rheinland), Stadt	III
Raesfeld	<u>II</u>	Straelen, Stadt	III
Rahden, Stadt	<u>I</u>	Sundern (Sauerland), Stadt	<u>I</u>
Ratingen, Stadt	<u>V</u>	Swisttal	<u>IV</u>
Recke	I	Telgte, Stadt	III
Recklinghausen, Stadt	III	Tönisvorst, Stadt	IV
Rees, Stadt	II	Troisdorf, Stadt	IV
Reichshof	II	Übach-Palenberg, Stadt	III
Reken	<u>I</u>	Unna, Stadt	III
Remscheid, Stadt	III	Velbert, Stadt	<u>IV</u>
Rheda-Wiedenbrück, Stadt	<u>III</u>	Velen	<u>II</u>
Rhede, Stadt	<u>III</u>	Verl	II
Rheinbach, Stadt	<u>III</u>	Versmold, Stadt	<u>I</u>
Rheinberg, Stadt	III	Viersen, Stadt	III
Rheine, Stadt	II	Vlotho, Stadt	<u>I</u>
Rietberg, Stadt	II	Voerde (Niederrhein), Stadt	<u>III</u>
Rösrath	V	Vreden, Stadt	<u>I</u>
Rommerskirchen	III	Wachtberg	<u>IV</u>
Rosendahl	<u>I</u>	Wadersloh	I
Rüthen, Stadt	I	Waldbröl, Stadt	III
Ruppichteroth	<u>II</u>	Waltrop, Stadt	III
Salzkotten, Stadt	I	Warburg, Stadt	I
Sankt Augustin, Stadt	IV	Warendorf, Stadt	<u>II</u>
Sassenberg, Stadt	II	Warstein, Stadt	<u>I</u>
Schalksmühle	II	Wassenberg, Stadt	III
Schermbeck	III	Weeze	II
Schleiden, Stadt	<u>I</u>	Wegberg, Stadt	III
Schloß Holte-Stukenbrock	II	Weilerswist	<u>III</u>
Schmallenberg, Stadt	I	Welver	II
Schwalmtal	III	Wenden	<u>II</u>

Gemeinde	Mietenstufe
Werdohl, Stadt	II
Werl, Stadt	II
Wermelskirchen, Stadt	III
Werne, Stadt	III
Werther (Westfalen), Stadt	II
Wesel, Stadt	III
Wesseling, Stadt	IV
Westerkappeln	I
Wetter (Ruhr), Stadt	III
Wickede (Ruhr)	II
Wiehl, Stadt	II
Willich, Stadt	IV
Wilnsdorf	II
Windeck	II
Winterberg, Stadt	I
Wipperfürth, Stadt	III
Witten, Stadt	III
Wülfrath, Stadt	III
Würselen, Stadt	III
Wuppertal, Stadt	III
Xanten, Stadt	III
Zülpich, Stadt	III

Kreis	Mietenstufe
Borken	II
Coesfeld	II
Düren	II
Ennepe-Ruhr-Kreis	III
Euskirchen	I
Gütersloh	II
Heinsberg	II
Herford	I
Hochsauerlandkreis	I
Höxter	I
Kleve	II
Lippe	I
Märkischer Kreis	II
Paderborn	I
Siegen-Wittgenstein	II
Städteregion Aachen	II
Steinfurt	I
Warendorf	II
Wesel	II

Land: Rheinland-Pfalz

Gemeinde	Mietenstufe
Alzey, Stadt	III
Andernach, Stadt	II
Bad Dürkheim, Stadt	IV
Bad Kreuznach, Stadt	III
Bad Neuenahr-Ahrweiler, Stadt	III
Bendorf, Stadt	II
Bingen am Rhein, Stadt	III
Bitburg, Stadt	III
Böhl-Iggelheim	I
Boppard, Stadt	I
Diez, Stadt	II
Frankenthal (Pfalz), krsf. Stadt	III
Germersheim, Stadt	III
Grafschaft	II
Grünstadt, Stadt	III
Haßloch	III
Herxheim b. Landau/Pfalz	II
Idar-Oberstein, Stadt	I
Ingelheim am Rhein, Stadt	V
Kaiserslautern, krsfr. Stadt	II
Koblenz, Stadt	III
Konz, Stadt	III
Lahnstein, Stadt	II
Landau i. d. Pfalz, krsfr. Stadt	III
Limburgerhof	IV
Ludwigshafen am Rhein, krsfr. Stadt	IV
Mainz, krsfr. Stadt	VI
Mayen, Stadt	II
Montabaur, Stadt	II
Morbach	I
Mülheim-Kärlich, Stadt	II
Mutterstadt	IV
Neustadt (a. d. Weinstraße), krsfr. Stadt	II
Neuwied, Stadt	II
Pirmasens, krsfr. Stadt	I
Remagen, Stadt	III
Schifferstadt, Stadt	III
Sinzig, Stadt	II
Speyer, krsfr. Stadt	III
Trier, Stadt	III
Wittlich, Stadt	II
Wörth am Rhein, Stadt	III
Worms, krsfr. Stadt	III
Zweibrücken, krsfr. Stadt	I

Kreis	Mietenstufe
Ahrweiler	I
Altenkirchen (Westerwald)	I
Alzey-Worms	II
Bad Dürkheim	II
Bad Kreuznach	I
Bernkastel-Wittlich	I
Birkenfeld, Nationalparklandkreis	I
Cochem-Zell	I
Donnersbergkreis	II
Eifelkreis Bitburg-Prüm	I
Germersheim	II
Kaiserslautern	II
Kusel	I
Mainz-Bingen	III
Mayen-Koblenz	I
Neuwied	I
Rhein-Hunsrück-Kreis	I
Rhein-Lahn-Kreis	I
Rhein-Pfalz-Kreis	III
Südliche Weinstraße	II
Südwestpfalz	I
Trier-Saarburg	I
Vulkaneifel	I
Westerwaldkreis	I

Land: Saarland

Gemeinde	Mietenstufe
Beckingen	I
Bexbach, Stadt	I
Blieskastel, Stadt	I
Dillingen/Saar, Stadt	II
Eppelborn	I
Friedrichsthal, Stadt	II
Heusweiler	I
Homburg, Kreisstadt	II
Illingen	II
Kirkel	II
Kleinblittersdorf	II
Lebach, Stadt	I
Losheim am See	I
Mandelbachtal	I
Marpingen	I
Merchweiler	I
Merzig, Kreisstadt	II
Mettlach	II
Neunkirchen, Kreisstadt	II

Gemeinde	Mietenstufe
Nohfelden	I
Ottweiler, Stadt	I
Püttlingen, Stadt	II
Quierschied	II
Rehlingen-Siersburg	I
Riegelsberg	II
Saarbrücken, Landeshauptstadt	III
Saarlouis, Kreisstadt	III
Saarwellingen	I
Sankt Ingbert, Stadt	II
Sankt Wendel, Kreisstadt	I
Schiffweiler	II
Schmelz	II
Schwalbach	II
Spiesen-Elversberg	II
Sulzbach/Saar, Stadt	II
Tholey	II
Überherrn	II
Völklingen, Stadt	II
Wadern	I
Wadgassen	II

Kreis	Mietenstufe
Merzig-Wadern	I
Saarlouis	II
Saarpfalz-Kreis	I
Sankt Wendel	I
Regionalverband Saarbrücken	I

Land: Sachsen

Gemeinde	Mietenstufe
Annaberg-Buchholz, Stadt	I
Aue, Stadt	I
Auerbach/Vogtland, Stadt	I
Bannewitz	III
Bautzen, Stadt	II
Bischofswerda, Stadt	II
Borna, Stadt	II
Burgstädt, Stadt	II
Chemnitz, Stadt	II
Coswig, Stadt	III
Crimmitschau, Stadt	I
Delitzsch, Stadt	II
Dippoldiswalde, Stadt	II
Döbeln, Stadt	II

5

Gemeinde	Mietenstufe
Dresden, Stadt	III
Ebersbach-Neugersdorf, Stadt	I
Eilenburg, Stadt	II
Flöha, Stadt	II
Frankenberg, Stadt	II
Freiberg, Stadt	II
Freital, Stadt	II
Frohburg	II
Glauchau, Stadt	II
Görlitz, Stadt	I
Grimma, Stadt	II
Großenhain, Stadt	II
Heidenau, Stadt	II
Hohenstein-Ernstthal, Stadt	II
Hoyerswerda, Stadt	II
Kamenz, Stadt	II
Klipphausen	I
Leipzig, Stadt	II
Lichtenstein/Sachsen, Stadt	II
Limbach-Oberfrohna, Stadt	II
Löbau, Stadt	I
Marienberg, Stadt	I
Markkleeberg, Stadt	III
Markranstädt, Stadt	III
Meerane, Stadt	II
Meißen, Stadt	II
Mittweida, Stadt	II
Mülsen	I
Neustadt i. Sachsen, Stadt	II
Nossen, Stadt	I
Oelsnitz/Erzgebirge, Stadt	II
Oelsnitz/Vogtland, Stadt	I
Oschatz, Stadt	II
Pirna, Stadt	III
Plauen, Stadt	I
Radeberg, Stadt	III
Radebeul, Stadt	III
Reichenbach/Vogtland, Stadt	I
Riesa, Stadt	II
Schkeuditz, Stadt	II
Schneeberg, Stadt	II
Schwarzenberg/Erzgebirge, Stadt	II
Stollberg/Erzgebirge, Stadt	II
Taucha, Stadt	III
Torgau, Stadt	II
Weinböhla	III
Weißwasser/Oberlausitz, Stadt	II

Gemeinde	Mietenstufe
Werdau, Stadt	I
Wilkau-Haßlau, Stadt	II
Wilsdruff, Stadt	II
Wurzen, Stadt	II
Zittau, Stadt	I
Zwickau, Stadt	II
Zwönitz, Stadt	I

Kreis	Mietenstufe
Bautzen	I
Erzgebirgskreis	I
Görlitz	I
Leipzig	II
Meißen	II
Mittelsachsen	II
Nordsachsen	I
Sächsische Schweiz-Osterzgebirge	II
Vogtlandkreis	I
Zwickau	I

Land: Sachsen-Anhalt

Gemeinde	Mietenstufe
Aschersleben, Stadt	II
Bad Dürrenberg, Stadt	II
Bernburg (Saale), Stadt	II
Bitterfeld-Wolfen, Stadt	III
Blankenburg (Harz), Stadt	I
Braunsbedra, Stadt	II
Burg, Stadt	II
Coswig (Anhalt), Stadt	I
Dessau-Roßlau, Stadt	II
Eisleben, Lutherstadt	II
Gardelegen, Stadt	I
Genthin, Stadt	I
Gommern, Stadt	II
Gräfenhainichen, Stadt	I
Halberstadt, Stadt	II
Haldensleben, Stadt	II
Halle (Saale), Stadt	III
Hettstedt, Stadt	II
Hohe Börde	I
Jessen (Elster), Stadt	I
Kemberg, Stadt	I
Klötze, Stadt	I
Köthen (Anhalt), Stadt	II

Gemeinde	Mietenstufe
Landsberg, Stadt	I
Leuna, Stadt	II
Magdeburg, Landeshauptstadt	III
Merseburg, Stadt	III
Möckern, Stadt	I
Muldestausee	I
Naumburg (Saale), Stadt	II
Oberharz am Brocken	I
Oebisfelde-Weferlingen	II
Oschersleben (Bode), Stadt	II
Osterburg (Altmark)	II
Osterwieck, Stadt	I
Quedlinburg, Stadt	II
Querfurt, Stadt	I
Salzatal	II
Salzwedel, Hansestadt	II
Sandersdorf-Brehna	II
Sangerhausen, Stadt	II
Schkopau	II
Schönebeck (Elbe), Stadt	II
Staßfurt, Stadt	II
Stendal, Stadt	II
Südliches Anhalt, Stadt	II
Tangerhütte, Stadt	II
Tangermünde, Stadt	II
Teutschenthal	II
Thale, Stadt	I
Wanzleben-Börde, Stadt	II
Weißenfels, Stadt	II
Wernigerode, Stadt	II
Wettin-Löbejün, Stadt	II
Wittenberg, Lutherstadt	II
Wolmirstedt, Stadt	II
Zeitz, Stadt	II
Zerbst/Anhalt, Stadt	II

Kreis	Mietenstufe
Altmarkkreis-Salzwedel	I
Anhalt-Bitterfeld	II
Börde	I
Burgenlandkreis	I
Harz	I
Jerichower Land	II
Mansfeld-Südharz	I
Saalekreis	II
Salzlandkreis	II

Kreis	Mietenstufe
Stendal	I
Wittenberg	I

Land: Schleswig-Holstein

Gemeinde	Mietenstufe
Ahrensburg, Stadt	VI
Bad Bramstedt, Stadt	IV
Bad Oldesloe, Stadt	IV
Bad Schwartau, Stadt	V
Bad Segeberg, Stadt	IV
Bargteheide, Stadt	V
Barmstedt	IV
Barsbüttel	VI
Brunsbüttel, Stadt	II
Eckernförde, Stadt	IV
Elmshorn, Stadt	IV
Eutin, Stadt	IV
Fehmarn, Stadt	IV
Flensburg, Stadt	III
Geesthacht, Stadt	IV
Glinde, Stadt	V
Glückstadt, Stadt	II
Halstenbek	VI
Handewitt	I
Harrislee	III
Heide, Stadt	III
Henstedt-Ulzburg	IV
Husum, Stadt	III
Itzehoe, Stadt	III
Kaltenkirchen, Stadt	IV
Kiel, Landeshauptstadt	V
Kronshagen	IV
Lauenburg/Elbe, Stadt	IV
Lübeck, Hansestadt	IV
Malente	III
Mölln, Stadt	III
Neumünster, Stadt	III
Neustadt in Holstein, Stadt	III
Norderstedt, Stadt	VI
Pinneberg, Stadt	VI
Preetz, Stadt	IV
Quickborn, Stadt	VI
Ratekau	IV
Ratzeburg, Stadt	IV
Reinbek, Stadt	V
Rellingen	V

Gemeinde	Mietenstufe
Rendsburg, Stadt	III
Scharbeutz	V
Schenefeld, Stadt	VI
Schleswig, Stadt	III
Schwarzenbek, Stadt	IV
Schwentinental	IV
Stockelsdorf	IV
Sylt	VI
Tornesch	IV
Uetersen, Stadt	IV
Wedel, Stadt	VI
Wentorf bei Hamburg	IV

Kreis	Mietenstufe
Dithmarschen	I
Herzogtum Lauenburg	III
Nordfriesland	II
Ostholstein	III
Pinneberg	IV
Plön	III
Rendsburg-Eckernförde	II
Schleswig-Flensburg	I
Segeberg	III
Steinburg	II
Stormarn	IV

Land: Thüringen

Gemeinde	Mietenstufe
Altenburg, Stadt	II
Apolda, Stadt	II
Arnstadt, Stadt	II
Bad Langensalza, Stadt	II
Bad Salzungen, Stadt	II
Eisenach, Stadt	III
Eisenberg, Stadt	II
Erfurt, Stadt	III
Gera, Stadt	II
Gotha, Stadt	II
Greiz, Stadt	I
Heilbad Heiligenstadt, Stadt	II

Gemeinde	Mietenstufe
Hildburghausen, Stadt	II
Ilmenau, Stadt	II
Jena, Stadt	IV
Leinefelde-Worbis	I
Meiningen, Stadt	II
Meuselwitz, Stadt	II
Mühlhausen/Thüringen, Stadt	II
Nordhausen, Stadt	II
Pößneck, Stadt	II
Rudolstadt, Stadt	II
Saalfeld/Saale, Stadt	II
Schmalkalden, Kurort, Stadt	I
Schmölln, Stadt	II
Sömmerda, Stadt	II
Sondershausen, Stadt	II
Sonneberg, Stadt	II
Suhl, Stadt	II
Waltershausen, Stadt	II
Weimar, Stadt	III
Zella-Mehlis, Stadt	II
Zeulenroda-Triebes, Stadt	I

Kreis	Mietenstufe
Altenburger Land	I
Eichsfeld	I
Gotha	I
Greiz	I
Hildburghausen	I
Ilm-Kreis	II
Kyffhäuserkreis	I
Nordhausen	I
Saale-Holzland-Kreis	II
Saale-Orla-Kreis	II
Saalfeld-Rudolstadt	II
Schmalkalden-Meiningen	I
Sömmerda	I
Sonneberg	I
Unstrut-Hainich-Kreis	I
Wartburgkreis	I
Weimarer Land	II

Stichwortverzeichnis

6

6

6